Josef Urlinger

Stundenblätter
Einführung in Lyrik
für die Sekundarstufe I

26 Seiten Beilage

W0033266

Ernst Klett Verlag

Reihe: Stundenblätter Deutsch
Herausgeber dieses Heftes: Wolfgang Salzmann

CIP-Kurztitelaufnahme der Deutschen Bibliothek

Urlinger, Josef:
Stundenblätter Einführung in Lyrik
für die Sekundarstufe I / Josef Urlinger.
5. Aufl. – Stuttgart: Klett, 1987. & Beil.
   (Reihe: Stundenblätter Deutsch)
   ISBN 3-12-927201-1

ISBN 3-12-927201-1

Inhalt

Einführung in Konzeption und Aufbau der Unterrichtseinheit

Die Unterrichtsreihe „Einführung in Lyrik" soll den Schüler der Sekundarstufe I zur selbständigen (analytischen) Aufschlüsselung und Interpretation lyrischer Texte hinführen.

Im Sinn einer Einführung in die literarische Gattung „Lyrik" werden zunächst weder methodische Fertigkeiten noch literarhistorische Kenntnisse beim Schüler vorausgesetzt. Allerdings sollte er in der Lage sein, Sprache als in den Formen variables Ausdrucksmittel und als Gestaltungsmittel im künstlerisch-ästhetischen Sinn zu erfassen; d. h. der Schüler sollte über einen naiven Sprachgebrauch hinaus zur Reflexion über Sprache fähig sein. Als Ansatzpunkt genügt in dieser Altersstufe die Einsicht, daß ein und derselbe Sachverhalt (je nach Situation und Intention des Sprechers) auf verschiedene Weise sprachlich formuliert werden kann. Auf der Basis dieses bescheidenen Kenntnis- und Bewußtseinsstandes sollen zunächst an einigen Texten terminologische Grundkenntnisse vermittelt werden; im zweiten Schritt soll ein Kennen- und Anwendenlernen von verschiedenen Methoden zur Dechiffrierung lyrischer Texte erfolgen; in der dritten Teilsequenz der Unterrichtsreihe steht dann das Erstellen und Einüben selbständiger Interpretationen im Vordergrund. (Dabei versteht es sich, daß die Grenzen zwischen den Teilsequenzen – von denen jede auch für sich stehen kann – fließend sein müssen: d. h. keine Terminologie um ihrer selbst willen, keine Methodologie ohne interpretatorisches Ziel, keine Interpretation ohne bewußt angewandte Methode.)

Aus dieser didaktischen Konzeption ergibt es sich, daß es in den vorliegenden Stundenblättern nicht um ein literaturwissenschaftliches Interpretationsangebot „neuer" Deutungen gehen kann, sondern um eine Handreichung, die dem Lehrer eine Einführung der Lyrik im Unterricht erleichtern soll.

An in sich geschlossenen Einzelstunden (die daher, entsprechend den Bedürfnissen schulischen Alltags, auch – wenngleich dies nicht der eigentliche Sinn der Reihe sein kann – einmal isoliert stehen können) wird gezeigt, wie Schüler dazu geführt werden können, selbständig angemessene Fragesequenzen zu entwickeln, die nach einer formalen und sprachlichen Analyse der Gedichte eine interpretatorische Aussage erbringen.

Der didaktische Gesichtspunkt der Textauswahl kann daher (auf Sekundarstufe I und unter dem Aspekt einer Einführung) kaum ein literarhistorischer, sondern nur ein methodologischer sein. (Doch läßt sich die Reihe auch als Revue von Exempeln verstehen, die – cum grano salis – als ein literarhistorisches Kontinuum: Barock, Klassik, Romantik, Impressionismus, Moderne vorgeführt werden können.)

Ein entscheidender Gesichtspunkt für die Auswahl der Texte ergab sich ferner aus der pragmatischen Überlegung, daß die Gedichte in den üblichen Schulbüchern und Anthologien enthalten und damit mühelos für Lehrer und Schüler (möglicherweise auch als Klassensatz eines Lesebuchbandes) zugänglich sein sollten. Auch aus diesem Grund wurde auf einen Standardkanon quasi paradigmatischer Texte zurückgegriffen.

Die Gedichte der ersten Teilsequenz sollen primär unter dem Aspekt des induktiven Erwerbs einer Fachterminologie behandelt werden: dabei stehen sinngemäß rational faßbare Phänomene der Form im Vordergrund.

Als Texte eignen sich hier am ehesten Gedichte mit intakten Formen, an denen sich Metrum, Vers-, Reim-, Strophen- und Gedichtform sowie rhetorische Figuren problemlos demonstrieren lassen.

Stunden der ersten Teilsequenz:
1. Gryphius: Es ist alles eitel
   (Hauptakzent: Formalia eines Textes in gebundener Sprache)
2. Goethe: Der Fischer
   (Hauptakzent: Analyse des Aufbaus)
3. Goethe: Mignon
   (Hauptakzent: Untersuchung der rhetorischen Mittel und ihrer Wirkung)

In der zweiten Teilsequenz liegt der Akzent stärker auf dem Methodologischen. Die Schüler nähern sich dabei den Texten (primär von der inhaltlichen Aussage ausgehend) mit der Frage: „Wie gehe ich vor, um die Aussage des Gedichtes in seinem ganzen Sinnumfang zu erfassen?".

Um eine gewisse Variationsbreite der Texte und der Methoden zu erreichen, enthält die zweite Teilsequenz, neben dem Ansatz zur Einzelinterpretation, eine Hinführung zum Gedichtvergleich sowie Gedichte, die besonders unter klanglich-lautlichen Aspekten zu sehen sind.

Was das Methodische betrifft, soll hier in besonderem Maße darauf geachtet werden, daß der Bereich des rational Nachweisbaren nicht verlassen wird. Gedacht ist hier insbesondere an die Untersuchung der Lautmalerei (am Beispiel des Heine-Gedichtes) und die Analyse von impressionistischen Klangstrukturen z.B. bei Liliencron, bei dem sich kunstvolle Formen des Vokalismus und der Lautmalerei mit mathematischer Exaktheit nachweisen lassen.

Stunden der zweiten Teilsequenz:
1. Heine: Childe Harold
   (Hauptakzent: Untersuchung zum Vokalismus)
2. Liliencron: Die Musik kommt
   (Hauptakzent: Untersuchung zum Rhythmus und zur Lautmalerei)
3. George: Meine weissen ara haben safrangelbe kronen
   (Hauptakzent: Analyse klanglicher Mittel)
4. Rilke: Papageien-Park
   Vergleichsobjekt zu George: Demonstration der Methode des Gedichtvergleichs

Sobald sich im Verlauf der Unterrichtsreihe eine Vertrautheit mit den Formelementen und den sprachlichen Mitteln entwickelt hat, kann im dritten Teil der Lernsequenz zu Gliederungsübungen und zum Erfassen des Gesamtaufbaus und damit zur Analyse der Gedichtstruktur und zur Interpretation im engeren Sinn fortgeschritten werden. Durch gezielte Impulse soll der Schüler lernen, eine Strategie zum Aufbau einer Interpretation zu entwickeln. Dabei soll hier die Einzelinterpretation grundsätzlich induktiv von der Textgestalt ausgehen.

Stunden der dritten Teilsequenz:
1. Eichendorff: Mondnacht
2. George: Wir schreiten auf und ab im reichen flitter
3. Trakl: In den Nachmittag geflüstert
4. Enzensberger: küchenzettel
5. Reinig: Katzenverfassung
6. Goethe: Die Freuden (Da flattert um die Quelle . . .)
   (Diskussionsstunde und kritischer Exkurs)

In Anbetracht der Unterrichtssituation auf Sekundarstufe I wird die vorliegende Unterrichtsreihe, wiewohl als Kontinuum konzipiert, nur in wenigen Fällen als zusammenhängende Reihe über etwa 13 Stunden durchführbar sein; auch mit Rücksicht auf das Schülerinteresse, das bei zu langem Verweilen beim gleichen Unterrichtsgegenstand leicht abflaut und damit den Lernerfolg von vornherein gefährdet. In der Regel dürfte es daher sinnvoller sein, über einen längeren Zeitraum verteilt entweder die drei Teilsequenzen als eigenständige Teileinheiten zu behandeln und so – mit zeitlichen Unterbrechungen – eine additive Einführung in die Lyrik allmählich zu erarbeiten oder aber aus den einzelnen Teilsequenzen neue Kombinationen abzuleiten. (Es versteht sich von selbst, daß hierbei dem Lehrer entsprechend dem Stand und der Begabung der Klasse völlige Freiheit bleibt!) Neben der Möglichkeit einer Einführung in drei Schritten, entsprechend den Teilsequenzen, bietet sich natürlich auch an, aus jeder der Teilsequenzen je eine oder zwei Stunden auszuwählen und so drei- bis sechsstündige Unterrichtsreihen aufzubauen. Dabei dürfte es im allgemeinen sinnvoll sein, mit etwa zwei Stunden der ersten Teilsequenz zu beginnen.

Als Kombinationsmöglichkeit bietet sich hier z. B. an:

aus Teilsequenz I
– zur Erarbeitung der Formalia: Gryphius, Es ist alles eitel
– zur Analyse des Gedichtaufbaus: Goethe, Der Fischer

aus Teilsequenz II
– zur Einführung in die lautlich-rhythmische Gestaltung: Liliencron, Die Musik kommt

aus Teilsequenz III
– als Interpretationsübung (unter gehaltlichem Aspekt) ein Gedicht, das sich relativ leicht interpretatorisch erschließen läßt: George, Wir schreiten auf und ab im reichen flitter

Das Unterrichtsmaterial eröffnet aber auch andere Möglichkeiten der Aufgliederung und Anwendung.

Eine Einführung in die Methode des Gedichtvergleichs kann anhand motivgleicher Gedichte durchgeführt werden:
I. George, Meine weissen ara
   Rilke, Papageien-Park
II. George, Wir schreiten auf und ab im reichen flitter
   Trakl, In den Nachmittag geflüstert

Hinweise zur Durchführung der Gedichtvergleiche erfolgen nach der Behandlung von Rilkes und von Trakls Gedicht, da wir auf Sekundarstufe I den Gedichtvergleich nur als methodischen Dreischritt (Einzelinterpretationen beider Gedichte, anschließend Vergleich) anbieten wollen:[1]

Zur Vorbereitung einer Unterrichtsreihe über politische Lyrik bieten sich an: [2]
Enzensberger, küchenzettel / Reinig, Katzenverfassung

Als kleinere Einheiten wären denkbar:
Einführung in die Phänomene von Vokalismus, Lautmalerei und Sprachrhythmus:
Heine, Childe Harold / Liliencron, Die Musik kommt
Vorbereitung zu einer intensiveren, weiterführenden Beschäftigung mit der Ballade:
Goethe, Der Fischer / Goethe, Mignon
Für jüngere Schüler könnte sich auch eine thematische Reihe ergeben: Darstellung von Tieren in der Lyrik:
George, Meine weissen ara / Rilke, Papageien-Park;
Reinig, Katzenverfassung / Goethe, Die Freuden

---

1 Zur Weiterführung: „Arbeitsmaterialien – Deutsch, Wertung von Lyrik in Vergleichsreihen, zusammengest. v. H. Löffel
2 Zur Weiterführung: Arbeitsmaterialien – Deutsch, Deutsche Politische Lyrik 1814–1970 in Vergleichsreihen, zusammengest. v. E. Mittelberg u. K. Peter

Für fortgeschrittene Schüler läßt sich auch eine literarhistorische Reihe vom Barock zur Moderne erstellen.

Natürlich sind auch anderen Kombinationen, sofern man den Beginn mit leichter durchschaubaren Texten aus den ersten Teilsequenzen wählt, kaum Grenzen gesetzt.

Schließlich lassen sich – wie schon angedeutet – die Stundenblätter auch als Material für die im Schulalltag gelegentlich sich ergebenden Einzel- oder Randstunden verwenden.

Als Konsequenz aus dieser didaktisch-methodischen Gesamtkonzeption ergibt sich auch der Aufbau der Einzelstunden im Darstellungsteil.

Hinweise auf den jeweiligen Stellenwert der Stunde innerhalb der Reihe und auf die didaktische Absicht, Erläuterungen zur Methode und Vorschläge zum Stundeneinstieg werden in der Regel voran gestellt. Andererseits läßt sich aber der Stoff und seine methodische Umsetzung nicht von der zu erarbeitenden Interpretation trennen. Daraus ergibt sich als notwendige Folge für die Darstellung zur Einzelstunde eine Koppelung von Interpretationsvorschlag und didaktisch-methodischer Aufbereitung.

Eine optimale Nutzung der Stundenblätter sieht daher zunächst eine Lektüre der Darstellung der Einzelstunde vor. Zur unterrichtlichen Umsetzung bietet dann die Stundenblatt-Beilage eine weitere Handreichung. Dabei soll die Vorderseite eines Blattes jeweils einen synoptischen Überblick zur Realisation der Stunde geben. Daraus resultiert die Dreiteilung des Stundenblattes:

Spalte eins (Unterrichtsschritte) gibt an, was erarbeitet werden soll; Spalte zwei (Unterrichtsverlauf/Leitfragen) bietet Vorschläge, wie das gesteckte Ziel erreicht werden kann; Spalte drei nennt das jeweils angestrebte Ergebnis.

Die Systematisierung der Ergebnisse ist dann auf der Rückseite des Blattes zu finden. Es ist nicht beabsichtigt, daß diese „Strukturierung der Ergebnisse" unverändert als Tafelanschrieb übernommen werden soll, dies dürfte vom Textumfang her auch kaum möglich sein. Der Lehrer hat hier vielmehr die Möglichkeit, aus einer so knapp wie möglich und so ausführlich wie nötig zusammengestellten Übersicht auszuwählen, welche Ergebnisse als Tafelanschrieb oder Hefteintrag erscheinen sollen. In der Regel läßt sich das dem Stundenverlauf folgende Gerüst der Strukturierungshilfe an der Tafel reproduzieren. Die jeweils eingefügten zusätzlichen Angaben, die im Sinn von Erläuterungen und Formulierungshilfen gedacht sind, können dabei nach dem Ermessen des Lehrers und nach den Bedürfnissen des Unterrichts genutzt werden.

Darstellung der Einzelstunden

1. Stunde:
Andreas Gryphius, Es ist alles eitel

Vorbemerkungen

Das Sonett „Es ist alles eitel" (1643) von Andreas Gryphius soll zwar als Textgrundlage zur Erarbeitung lyrischer Formalia, besonders der termini technici, dienen, dennoch kann dabei – will man sich nicht mit bloßem Einpauken von Fachwörtern begnügen – nicht völlig auf eine inhaltlich-gehaltliche Betrachtung verzichtet werden; schließlich soll auch über Inhalt und Gehalt der Aussage der Sinn einer streng durchgeführten, geschlossenen lyrischen Form einsichtig gemacht werden.

Einstieg

a) Möglichkeit des historischen Einstiegs (für ältere Schüler):
Der Lehrer zeigt zum Stundenbeginn eine oder mehrere Abbildungen von barocken Prachtbauten und als Kontrast Bilder von den Zerstörungen des Dreißigjährigen Krieges. (Als leicht zugängliches Bildmaterial eignen sich die entsprechenden Abbildungen, wie sie in allen gängigen Geschichtsbüchern in den Schulen zur Verfügung stehen. Fehlt das Bildmaterial, läßt sich der Sachverhalt auch durch kurzen Lehrervortrag skizzieren.)
Auf Grund dieser Vorgabe überlegen die Schüler dann, wie die zeitlich fast parallelen Phänomene von barocker Bautätigkeit und kriegerischer Zerstörung auf die Menschen des 17ten Jahrhunderts gewirkt haben müssen und formulieren mit ihren Worten das Fazit: „Einerseits Bautätigkeit – andererseits Zerstörung – Zweifel der Menschen an der Dauer dessen, was sie schaffen – Zweifel vielleicht gar am Sinn des Aufbauens in Anbetracht der drohenden Zerstörungen."

b) Möglichkeit eines ahistorischen Einstiegs (für jüngere Schüler):
Der Lehrer kann das Unterrichtsgespräch eröffnen mit einem Hinweis auf die Bautätigkeit in fast allen Orten, auf stadtplanerische Umgestaltung, auf Abbruch alter Gebäude und Neubautätigkeit. Die Schüler formulieren dann mit ihren Worten das Fazit aus einer Wahrnehmung, die in ihrem eigenen Erfahrungsbereich liegt, nämlich: „Einerseits Abreißen und Zerstören – andererseits Aufbau – und mit beiden Vorgängen verbunden: Wandel von Stadt- und Landschaftsbild."

Darstellung der Form der „gebundenen Sprache"

Sobald man mit den (jüngeren wie älteren) Schülern eine freie (d. h. prosaische) Schülerformulierung des Sachverhaltes, wie ihn die Verse zwei und drei des Gedichts aussagen, erreicht hat, bietet der Lehrer als Alternative die lapidare Formulierung der beiden Verse:
„Was dieser heute baut / reißt jener morgen ein
Wo itzund Städte stehn / wird eine Wiese sein"
(Das Textangebot dieser beiden Verse erfolgt als Tafelanschrift oder als Folie für Tageslichtschreiber – mit Zwischenraum für die Versfußzeichen).
Die Schüler werden nun aufgefordert, Unterschiede zwischen der eigenen Formulierung und dieser vorgegebenen Formulierung zu benennen. Die größere Prägnanz und Knappheit, die lapidare Kürze, die

Es ist alles eitel

Du siehst, wohin du siehst, nur eitelkeit auf erden.
Was dieser heute baut, reißt jener morgen ein;
Wo ietzundt städte stehn, wird eine wiese seyn,
Auf der ein schäfers-kind wird spielen mit den herden;

Was itzundt prächtig blüth, sol bald zutreten werden;
Was itzt so pocht und trotzt, ist morgen asch und bein;
Nichts ist, das ewig sey, kein ertz, kein marmorstein.
Jetzt lacht das glück uns an, bald donnern die beschwerden.

Der hohen thaten ruhm muß wie ein traum vergehn.
Soll denn das spiel der zeit, der leichte mensch bestehn?
Ach, was ist alles diß, was wir vor köstlich achten,

Als schlechte nichtigkeit, als schatten, staub und wind,
Als eine wiesen-blum, die man nicht wieder find't!
Noch wil, was ewig ist, kein einig mensch betrachten.

Andreas Gryphius

---

blockartig nebeneinanderstehenden parallelen Satzstrukturen der Antithesen dürften wohl mühelos erkannt werden.

Die metrische Struktur läßt sich am einfachsten durch lautes, langsames Sprechen unter gleichförmiger Betonung der Hebungen zunächst akustisch darstellen. Der regelmäßige Wechsel von betonter und unbetonter Silbe wird dann mit Hilfe der metrischen Zeichen für Hebung und Senkung auch optisch umgesetzt. Im Sinn des Arbeitsunterrichts mit größtmöglicher Schüleraktivität genügt es, wenn der Lehrer die metrischen Zeichen nur für Vers zwei setzt und die optische Demonstration (d. h. Aufzeichnung der Charaktere: ◡ –) bei Vers drei von einem Schüler vornehmen läßt. Als Ergebnis dieser Demonstration bieten sich zur Beschreibung des Unterschieds zwischen freier Schülerformulierung und der Formulierung des Gedichtes die Bezeichnungen:

– ungebundene Sprache (Prosa) und
– gebundene Sprache (Vers)
als induktiv, organisch erarbeitete und damit als einsichtige Termini an.

Formanalyse und Deutung der Form

Eine Gliederung des metrischen Baus der beiden Verszeilen in gleiche Einheiten erbringt dann die Begriffe: „Versfuß" und für unseren speziellen Fall auch den Terminus „Jambus".

Darüber hinaus läßt sich nach dem Feststellen der syntaktischen Struktur der zwei Verse die „Mittelzäsur" demonstrieren, und nach dem Auszählen der nun leicht erkennbaren gleichen Silbenzahl in beiden Versen können die Termini:
„sechsfüßiger Jambus", „jambischer Zwölfsilbler mit Mittelszäsur" = „Alexandriner" sinnvoll ergänzt werden.

Hier nun dürfte, insbesondere bei guten Klassen, die Frage nach Sinn und Wirkung dieser sprachlich gebundenen Form des Verses gestellt werden, um die Schüler nicht mit einem bloßen Geben von (wenn auch erarbeiteten) Termini zu langweilen. Im Anschluß an den Einstieg läßt sich nämlich leicht zeigen – durch nochmaliges, gleichförmiges, deutlich akzentuierendes, lautes Sprechen etwa – wie die Diktion in beiden Zeilen ein festes, beinah gleichförmiges unaufhaltsames Voranrücken des Sprachflusses darstellt: so wie die Zeit unaufhaltsam vorrückt und über die Dinge der Welt hinweggeht; besonders sichtbar während der Zeit des Dreißigjährigen Krieges, mit den Zerstörungen und Greueln, die schicksalhaft über den Einzelnen hereinbrechen und über ihn hinweggehen.

Sind in der Konzentrierung auf die Verse zwei und drei die schlichten Formalia (wie: gebundene Sprache, Metrum, Versfuß, Jambus, Zäsur, Alexandriner) konkret aus dem knappen Wortlaut, der von Inhalt und Aussage her keinerlei Verständnisschwierig-keit bietet, erarbeitet, dann kann zur Betrachtung der Gesamtform fortgeschritten werden. Dieses methodische Verfahren bietet den Vorteil, daß ein hier nicht beabsichtigtes ‚Festfahren' der Betrachtung in Hinblick auf den rein inhaltlichen Bereich der Aussage von vornherein vermieden werden kann und die hier beabsichtigte Akzentsetzung auf die Erarbeitung der Formalia lyrischer Ausdrucksweise gesichert ist.

Der Wortlaut des ganzen Gedichts läßt sich nunmehr in einen bereits programmierten Vorstellungsbereich einfügen, ohne daß die Unterrichtsstunde jetzt zu lange bei einer Inhaltsbetrachtung zu verweilen braucht. Nach der gemeinsamen Lektüre des Textes klärt der Lehrer die (geringen) sprachlichen Schwierigkeiten, indem er unter Hinweis auf die zeitlich ferne Entstehung des Textes (1643 – d. h. also wenige Jahre vor Ende des dreißigjährigen Krieges) den Wortsinn erläutert. Etwa zu Eitelkeit: Nichtigkeit, Leere, Vergeblichkeit, Vergänglichkeit, Hohlheit, lateinisch: Vanitas; itzund: jetzt; zutreten: zertreten; pochen: im Sinn von „auf

Strukturanalyse

Quartette

Thematik:	Stilmittel:
Vergänglichkeit der Kultur, der toten und lebendigen Natur	Einzelbilder in: Addition, Variation, Antithetik

Terzette

Übertragung und Anwendung auf den Menschen: Vergänglichkeit des Menschen und seiner Taten	Generalisierung, Eskalierung, Klimax

Pointe

Gedankliche Zuspitzung durch Hinweis auf Alternativmöglichkeit	Antithetisch gesetzte Konsequenz

Gehaltanalyse

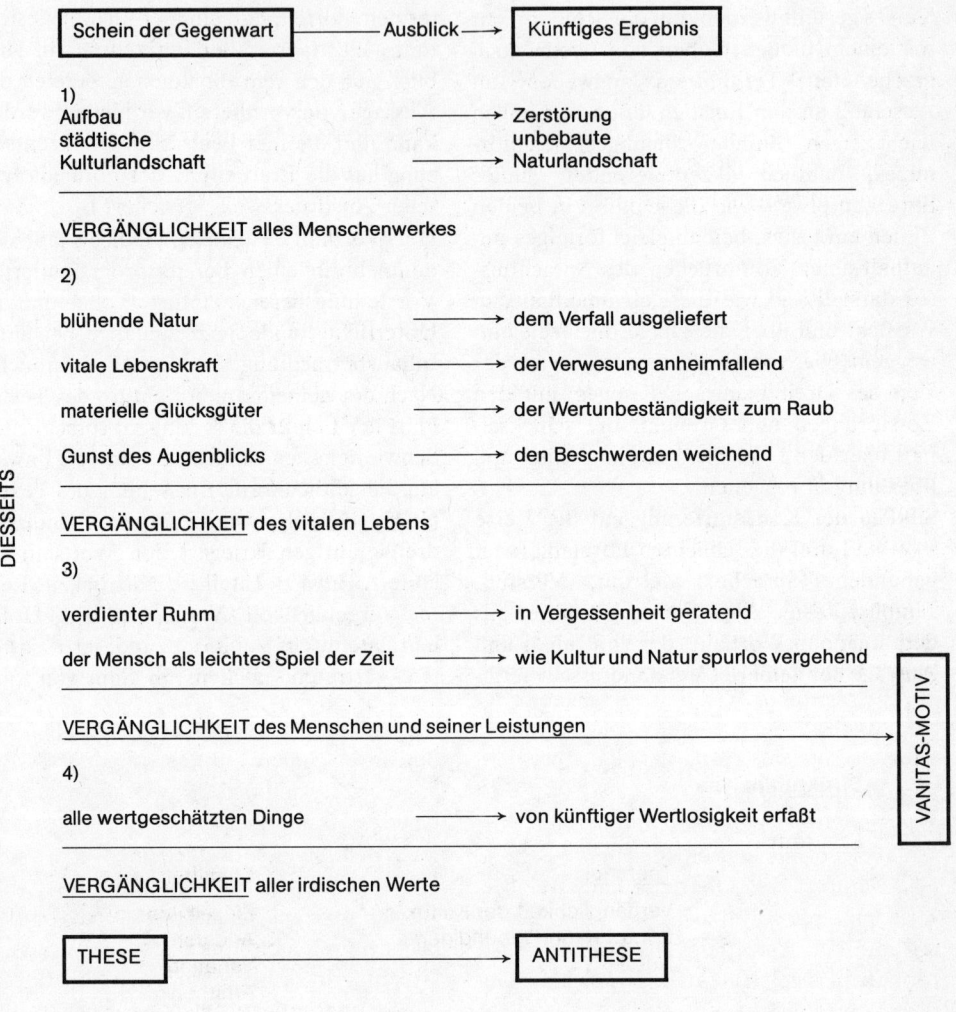

Schein der Gegenwart ——— Ausblick ——→ Künftiges Ergebnis

DIESSEITS

1)
Aufbau —————————→ Zerstörung
städtische   unbebaute
Kulturlandschaft ——————→ Naturlandschaft

VERGÄNGLICHKEIT alles Menschenwerkes

2)

blühende Natur —————————→ dem Verfall ausgeliefert

vitale Lebenskraft ————————→ der Verwesung anheimfallend

materielle Glücksgüter ——————→ der Wertunbeständigkeit zum Raub

Gunst des Augenblicks ——————→ den Beschwerden weichend

VERGÄNGLICHKEIT des vitalen Lebens

3)

verdienter Ruhm ————————→ in Vergessenheit geratend

der Mensch als leichtes Spiel der Zeit ——→ wie Kultur und Natur spurlos vergehend

VERGÄNGLICHKEIT des Menschen und seiner Leistungen

4)

alle wertgeschätzten Dinge —————→ von künftiger Wertlosigkeit erfaßt

VERGÄNGLICHKEIT aller irdischen Werte

VANITAS-MOTIV

THESE ————————————————→ ANTITHESE

JENSEITS

Pointe:
Mahnender Aufruf zum Anblick der ewigen, UNVERGÄNGLICHEN WERTE DES JENSEITS

14

seinen Rang, auf seine Rechte pochen", d. h. selbstbewußt, stolz zur Geltung bringen; Bein: Knochen(-gerüst).

Unmittelbar am Text lassen sich dann ableiten:

Reim (in bezug auf seine Position im Vers): Endreim,

Reimform: (in ihrer lautlichen Gestaltung): klingende (weibliche) Reime (a,c,d, Erden/werden) und stumpfe (männliche) Reime (b, ein/sein),

Reimstellung: umarmender (umfassender) Reim (a, d) und Paarreim (b),

Reimschema: abba, abba, ccd, eed

An diesem Reimschema läßt sich ablesen, daß die ersten acht Verse verflochten weibliche und männliche Reime aufweisen. Die Verse 9–14 bilden, von den Wörtern der Endreime her gesehen, eine neue formale Gruppe. An dieser Gegenüberstellung läßt sich demonstrieren, daß die beiden ersten Strophen, die Quartette, eine erste und die beiden Terzette eine zweite formale Einheit bilden, so daß zwischen diesen beiden Strophengruppen eine gewisse Zäsur besteht, die auch syntaktisch (durch ein Satzende am Schluß von Vers 8) zum Ausdruck kommt. Als Ergebnis dieser Überlegungen läßt sich dann festhalten:

Strophenformen: Quartett mit je vier Versen; Terzett mit je drei Versen;

Gedichtform: zwei Quartette und zwei Terzette mit einer Zäsur zwischen den Quartetten und den Terzetten. Als Summe dieser formalen Einzelelemente ergibt sich die Gedichtform: Sonett.

Als sinnvolle Deutung der Gedichtform bietet sich an, zu erarbeiten, daß das ganze Sonett vielfach Kontraste, Gegensätze in antithetischen Aussagen nebeneinanderstellt, z. B. bauen/einreißen; Städte/Wiese; heute bauen/morgen einreißen. Der barocke Dualismus, der hier zum Ausdruck kommt, findet seine sinnreiche Spiegelung in der Form, sowohl derjenigen der zweiteiligen Verszeile als auch in der zweiteiligen Form

des ganzen Sonetts. Mit dieser Einsicht (als dem optimalen Stundenziel) ist auch die Einsicht in den Zusammenhang zwischen Inhalt und Form bzw. die Erkenntnis von einer sinnvoll gestalteten Entsprechung zwischen Gestalt und Gehalt implizit erreicht. Für eine vertiefende Gehaltanalyse des Textes müßte wohl eine weitere (in unserer Gesamtkonzeption nicht vorgesehene) Unterrichtsstunde angesetzt werden.

Entsprechend dem Unterrichtsziel dieser ersten Teilsequenz wird hier bewußt auf eine solche eingehende Interpretation verzichtet. Als Anregung für eine mögliche Vertiefung fügen wir hier (s. S. 13/14) zwei – quasi als Fußnote gemeinte – tabellarische „Wegweiser" zu einer Gehalt- und Strukturanalyse an, für deren methodisch-didaktische Umsetzung dem Lehrer freie Hand bleiben soll.

2. Stunde:
J. W. von Goethe, Der Fischer

Einstieg

Die Unterrichtsstunde kann (vor allem bei jüngeren Schülern) mit einem gezielten Impuls zur Evokation eines assoziativ zu erstellenden, aus der Schülerphantasie entwickelten Vorstellungsfeldes beginnen.

Der Lehrer gibt die Situation vor: „Ein Angler sitzt am Wasser und schaut – vielleicht Stunde um Stunde – in die Wellen. Was mag in der vorgegebenen Situation in der Phantasie des Anglers vorgehen?"

Auch jüngere Schüler werden aus dem eigenen Vorstellungs- und vielleicht sogar Erlebnisbereich von sich aus hier auch die Märchenwelt vom wilden Wassermann, von Nixen und Seegeistern, wie sie vor dem inneren Auge des Anglers auftaucht, assoziieren. Wenn durch Meldung und durch Sprechbeiträge die Schüler den Wunsch nach eigener Beteiligung befriedigt haben, kehren sie erfahrungsgemäß leichter zu ru-

Der Fischer

Das Wasser rauscht, das Wasser schwoll,
Ein Fischer saß daran,
Sah nach dem Angel ruhevoll,
Kühl bis ans Herz hinan.
5 Und wie er sitzt und wie er lauscht,
Teilt sich die Flut empor:
Aus dem bewegten Wasser rauscht
Ein feuchtes Weib hervor.

Sie sang zu ihm, sie sprach zu ihm:
10 Was lockst du meine Brut
Mit Menschenwitz und Menschenlist
Hinauf in Todesglut?
Ach, wüßtest du, wie's Fischlein ist
So wohlig auf dem Grund,
15 Du stiegst herunter, wie du bist,
Und würdest erst gesund.

Labt sich die liebe Sonne nicht,
Der Mond sich nicht im Meer?
Kehrt wellenatmend ihr Gesicht
Nicht doppelt schöner her? 20
Lockt dich der tiefe Himmel nicht,
Das feuchtverklärte Blau?
Lockt dich dein eigen Angesicht
Nicht her in ew'gen Tau?

Das Wasser rauscht', das Wasser schwoll, 25
Netzt' ihm den nackten Fuß;
Sein Herz wuchs ihm so sehnsuchtsvoll
Wie bei der Liebsten Gruß.
Sie sprach zu ihm, sie sang zu ihm,
Da war's um ihn geschehn: 30
Halb zog sie ihn, halb sank er hin
Und ward nicht mehr gesehn.

J. W. von Goethe

---

higem, konzentriertem Hören zurück. Daher ist es sinnvoll, erst nach der Einstimmung in die Stunde und nach dem Abebben der Eingangsaktivität des Schüler das Gedicht vorzuführen.

Präsentation des Textes

Nach einigen Schülerbeiträgen, die in die Richtung der Vorstellungswelt des Goethegedichtes weisen, erfolgt dann die Präsentation des Gedichttextes. Am wirkungsvollsten erweist es sich dabei fast immer, wenn der Lehrer den Text frei sprechend (d. h. aus dem Gedächtnis) reproduziert.
Eine Lyrikstunde (vor allem in der Unterstufe) steht und fällt mit der Fähigkeit des Lehrers, Interesse für das Gedicht zu wecken; insofern kommt dem Vortrag des Gedichtes besondere Bedeutung zu. Angst vor einer gewissen Theatralik sollte ganz abgebaut werden; understatement kommt bei jüngeren Schülern, die sich ja begeistern wollen, fast nie an!
Langsam und mit steigerndem Spannungsbogen, zunächst leise, raunend in den Fragen, dann sich steigernd, sollte der Text – und das liegt ja auch ganz im Sinn der Ballade – vorgetragen werden. Es ist sinnvoll, wenn die Schüler während des Lehrervortrages nur konzentriert hören, den Text also noch nicht vor Augen haben, damit die akustische Demonstration voll erfaßt wird. Um eine intensivere Präsenz des Textes im Bewußtsein der Schüler zu erzielen, kann man nach dem Lehrervortrag das Gedicht ein weiteres Mal von einem Schüler vorlesen lassen. Nach dem Vortrag öffnen die Schüler ihre Bücher (oder erhalten den vervielfältigten Text), so daß nun die Schüler das Gedicht im Druckbild vor Augen haben. Eine andere Möglichkeit, den Text vorzulegen, besteht darin, das auf einer Folie niedergeschriebene Gedicht mit Hilfe des

Overheadprojektors zu zeigen; dies Vorgehen bietet den Vorteil, daß die Textstellen, auf die sich die Interpretation jeweils stützt, im Verlauf der Erarbeitung durch Unterstreichen für alle sichtbar hervorgehoben werden können. Sinnvollerweise folgen nach dem Lesen, wenn nötig, die Worterklärungen. (Im vorliegenden Fall etwa der Hinweis auf den abweichenden Gebrauch des Wortes ‚Angel' – bei Goethe hier als Maskulinum.)

Für jüngere Schüler ist ein auf diese Weise erfolgender Wechsel von Ruhe und Motorik als lösendes Element nach einer Anspannung der Konzentration von nicht zu unterschätzender Wichtigkeit.

Inhaltserarbeitung

a) Reproduktion: jüngere Schüler (Klasse 7/8) sollten zunächst mit eigenen Worten den Inhalt des Gedichtes (kurz, im Sinn einer Paraphrase) wiedergeben. Bei älteren Schülern (Klasse 9/10) kann dieser reproduzierende Schritt – zugunsten einer intensiveren Gehaltanalyse – entfallen.

b) Reorganisation: erfolgt durch die Schüler, indem sie den Gedichttext in Sinneinheiten gliedern. Der Gliederungsvorschlag kann als Überblick auf der Tafel oder auf der Folie des Tageslichtschreibers erscheinen.

Aus dem Wortlaut des Gedichtes ergibt sich in etwa folgende grobgerasterte Struktur:
1. Der Angler am Wasser (V. 1–V. 4)
2. Das Erscheinen der Nixe (V. 5–V. 8)
3. Die Lockung (V. 9–V. 24)
4. Das Versinken des Fischers im kühlen Grund (V. 25–V. 32)

Als Vertiefung dieser inhaltlichen Gliederung bietet sich als Zusatz für ältere Schüler (etwa ab Klasse 9) an, zu diesen vier Einheiten vier Korrelate zu erarbeiten:
1. Zustand äußerer und innerer Ruhe beim Angler (V. 1–V. 5)

2. Zustand äußerer Bewegung beim Auftauchen der Nixe
3. Phase sich steigernder Erregung in der Seele des Anglers
4. Zustand der Ausgeglichenheit für den Angler, der ins kühle ‚Wohligsein' hinabgesunken

(Zur optischen Darbietung dieses Unterrichtsschrittes vgl. Übersicht des Stundenblattes)

Gehaltliche Analyse

Aus der inhaltlichen Gliederung ergibt sich als Zentralabschnitt (schon durch den Textumfang: V. 9–V. 24): die Verlockung des Menschen. Dieser Gedichtkern läßt sich (auch syntaktisch) in eine Reihe von Einzelbildern gliedern:

Erstes Bild: Die Erscheinung der singenden und sprechenden Nixe beschwört zugleich einen Sirenengesang, dessen lockender Wohllaut sich im Sprechen – in einer Reihe von suggestiven Fragen – konkretisiert.

Zweites Bild: Der Hinweis auf das Wohligsein im kühlen Wasser weist hin auf ein Wohlbefinden als konträrem Zustand zum Schmachten in der Tageshitze.

Drittes Bild: Sonne und Mond laben sich (als Spiegelbilder) im Meer.

Viertes Bild: Durch Bild (Sonne und Mond am Himmel) und Spiegelbild (Abbild der Gestirne auf dem Wasserspiegel) entsteht ein kosmischer Zusammenhang zwischen oben und unten, ein Bezug zwischen zwei Polen (Himmel und Erde). Die simultane Gesamtschau von Bild und Abbild ergibt eine größere Komplexität als die Einzelerscheinung der Gestirne. Indem hier eine kosmische Einheit sichtbar wird, vervollständigt sich die Erscheinung durch ihr Abbild und wird in dieser Doppelung „schöner", weil geheime Zusammenhänge zwischen Himmel und Erde, die sich als kosmische Einheit offenbaren, sichtbar werden.

Fünftes Bild: Die Lockung des ‚tiefen Himmels' bietet sich dar in der Erscheinungsform des Spiegelbildes, als ‚feuchtverklärtes Blau'. Die Polarität zwischen Himmel oben und Wasser unten ist dabei als Einheit des Alls gesehen:

„Lockt dich der tiefe Himmel nicht, das feuchtverklärte Blau?"

Himmelsbläue und Meeresbläue werden gleichsam identisch. Das Eintauchen in eine der Sphären ist zugleich ein Eingehen in ihr Korrelat; das Hineinsinken ins Element ist ein Hineingleiten in die Ganzheit des Alls. Eine pantheistische Sehnsucht des Menschen nach Einswerdung mit der Einheit der Natur wird als Lockung bewußt gemacht.

Sechstes Bild: Das Spiegelbild des Menschen im Wasser, die Versuchung des Narziß, ist die letzte und stärkste Lockung: die Suche nach dem eigenen Ich („Lockt dich dein eigen Angesicht nicht her . . ."?). Wie Narziß erliegt der Fischer dieser stärksten Versuchung und Lockung.

Am Ende der Bildkette hat, prosaisch gesprochen, der Fischer im Wasser ein kühles Grab gefunden; aber – und das ist für die Interpretation bedeutsam – die Wörter Untergang, Ertrinken, Tod, Sterben, Grab kommen im Text überhaupt nicht vor! Der Untergang des Anglers erscheint nicht als Unglück, sondern als ein Eintauchen in den großen Zusammenhang des Alls, in dem der Mensch verschwindet. Sterben ist hier nicht Untergehen, sondern Eingehen in einen (Ur-)Grund.

Wie intensiv die Auslotung der einzelnen Bilder im Unterricht erfolgen kann, hängt von der jeweiligen Klasse ab. Bei jüngeren Schülern dürfte es genügen, das Bildkontinuum fragend zu entwickeln und zu erläutern. Bei älteren Schülern läßt sich parallel zu den Phasen der Lockung eine begriffliche Gliederung ergänzend erstellen:

Das Erscheinen des feuchten Weibes bietet für den Fischer optischen und akustischen Reiz. Die Evokation des angenehm Kühlen stellt einen haptischen Reiz dar.

Das Beschwören des „schöneren" Abbildes von Sonne und Mond enthält den ästhetischen, die Lockung des tiefen „Himmels" birgt den religiösen Reiz; die Frage nach dem Ich im eigenen Bild entwickelt die psychologische (Fang-)frage zur Suche nach der persona, nach dem eigenen Ich.

Am Ende folgt der Mensch der Summe dieser Lockungen, ohne daß ein wertendes oder gar negatives Urteil über ihn gesprochen wird: „und ward nicht mehr gesehn" ist eine schlichte Feststellung, hinter der sich eine pantheistische Deutung von Sein und Vergehen verbirgt.

Untersuchung der sprachlichen Mittel und ihrer Wirkung

Hierzu bieten sich zwei Ansatzmöglichkeiten:

Sensible Schüler erfassen unmittelbar, d.h. gefühlsmäßig, das Beschwörende, Bezaubernde, Suggestive des Sirenengesangs, der den Fischer in den kühlen Grund lockt. Solchen Schülern kann man die Frage stellen, mit welchen Mitteln der Dichter diese (fast hypnotisierende) Wirkung erzielt. Man kommt dann ganz organisch auf die intensivierende Wirkung der Wortwiederholung, auf Suggestivfragen, auf (beinah magische) Formeln der Anapher, der Alliteration, der Assonanzen zu sprechen.

Als zweite Möglichkeit empfiehlt sich der induktive Weg, d.h., man läßt die Wortwiederholungen feststellen, die Alliterationen, die Assonanzen, die Parallelismen des Satzbaus, die Anaphern heraussuchen (indem man, wenn nötig, auf die Textstellen verweist) und kommt dann zu einer rationalen Deutung der Wirkung dieser sprachlichen Mittel. Im allgemeinen dürfte dieser letzte Unterrichtsschritt wohl eher den fortgeschritteneren Schülern vorbehalten bleiben. Die Unterrichtsergebnisse werden durch die (tabellarischen) Zusammenfassungen des Stundenblattes gesichert.

Als mögliche Hausaufgabe bietet sich an, eine sprachlich ausformulierte, zusammenhängende Darstellung dessen zu verlangen, was stichwortartig im Verlauf der Stunde notiert wurde (hierzu vgl. die Ergebnisübersicht auf dem Stundenblatt).

Alternative

Behandelt man das Gedicht „Der Fischer" im Sinn der Anregung unseres Vorworts in einer Unterrichtsreihe zur Ballade, so ist natürlich eine andere didaktische Akzentsetzung geboten. Zwar wird man auch bei einer unterrichtlichen Behandlung von Balladen wohl kaum umhin können, eine Untersuchung zum Aufbau der Gedichte einzubringen, die hier primäre formale Akzentsetzung dürfte aber in einer Balladenbetrachtung doch nur von sekundärer Bedeutung bleiben. Daraus ergibt sich, daß – sieht man das Goethe-Gedicht als Ballade – im Unterricht die Zielsetzung einmal stärker das Inhaltliche in den Vordergrund rückt und zum andern einige neue formale Gesichtspunkte einbezogen werden sollten. Bei der inhaltlichen Erarbeitung kann von der Betrachtung der Struktur mit genauer Analyse des Bildkerns ausgegangen werden (so wie wir vorgeschlagen haben), dann aber wäre es sinnvoll (als Kurskorrektur zu unserer Behandlung) zu zeigen, daß es sich bei dem Gedicht auch um ein sogenanntes „erzählendes Gedicht" handelt, das vom seltsamen Schicksal des Fischers und dem plötzlichen, unerwarteten Eingreifen unheimlicher Naturmächte in das menschliche Dasein spricht. Damit ist ein Ansatz zu einer späteren (d. h. am Ende einer Balladenreihe erfolgenden) inhaltlich orientierten Definition der Ballade zu gewinnen. Was die zu ergänzenden formalen Gesichtspunkte zur Ballade betrifft, könnte man (da es sich ja um eine Goethe-Ballade handelt) von Goethes theoretischen Äußerungen ausgehend[1], zeigen, wie sich hier alle drei Grundarten der Poesie in einem Text verbinden und die Ballade epische, dramatische und lyrische Elemente kombiniert.

Für den unterrichtlichen Weg bedeutet das, daß man (methodisch) nach der (verengten!) inhaltlichen Definition der Ballade – als erzählendes Gedicht, in dem (nach Goethe) etwas Geheimnisvolles, das die Einbildungskraft erregt, ans Tageslicht gefördert wird[2] – zum vertieften Formverständnis fortschreitet, indem nach Versen aufgegliedert die Kombination lyrischer, dramatisch-dialogischer und primär epischer Partien im Unterricht herausgearbeitet wird.

3. Stunde: J. W. von Goethe, Mignon

Unterrichtsziel

Während wir im ersten Text (Gryphius) das Prinzip der gebundenen Sprache und Ansätze zu einer Fachterminologie erarbeiteten, im zweiten Beispiel (Goethe, Der Fischer) den in sich geschlossenen Aufbau eines Gedichtes, also die Gesamtform und ihre Struktur, in den Vordergrund unserer Betrachtung stellten, sollen nun im dritten Bei-

---

1 Goethe, Naturformen der Dichtung (in: Noten und Abhandlungen zu besserem Verständnis des west-östlichen Divans) Cottasche Jub. Ausg. Bd. 5 (1905), S. 195:
„Es gibt nur drei echte Naturformen der Poesie: die klar erzählende, die enthusiastisch aufgeregte und die persönlich handelnde: Epos, Lyrik und Drama. Diese drei Dichtweisen können zusammen oder abgesondert wirken. In dem kleinsten Gedicht findet man sie oft beisammen, und sie bringen eben durch diese Vereinigung im engsten Raume das herrlichste Gebild hervor, wie wir an den schätzenswertesten Balladen aller Völker deutlich gewahr werden."
2 Goethe, Betrachtung und Auslegung, 1821 in: Kunst und Altertum (III, 1, S. 49 ff.) und in: Cottasche Jub. Ausg. Bd. 2 (1906), S. 336
Wir zitieren diesen wichtigen Beleg ausführlich gegen Ende unserer Darlegungen zu Goethes Mignonlied.

Mignon

Kennst du das Land, wo die Zitronen blühn,
Im dunkeln Laub die Goldorangen glühn,
Ein sanfter Wind vom blauen Himmel weht,
Die Myrte still und hoch der Lorbeer steht?
5 Kennst du es wohl?
       Dahin! Dahin
Möcht' ich mit dir, o mein Geliebter ziehn.

Kennst du das Haus? Auf Säulen ruht sein Dach,
Es glänzt der Saal, es schimmert das Gemach,
Und Marmorbilder stehn und sehn mich an:
10 Was hat man dir, du armes Kind, getan?
Kennst du es wohl?
       Dahin! Dahin
Möcht' ich mit dir, o mein Beschützer, ziehn.

Kennst du den Berg und seinen Wolkensteg?
Das Maultier sucht im Nebel seinen Weg,
15 In Höhlen wohnt der Drachen alte Brut;
Es stürzt der Fels und über ihn die Flut.
Kennst du ihn wohl?
       Dahin! Dahin
Geht unser Weg! O Vater, lass' uns ziehn!

J. W. von Goethe

---

spiel primär die sprachlichen Mittel und ihre Wirkung herausgearbeitet werden.

Präsentation des Textes

Da wir die klanglich musikalische Wirkung des Gedichtes hervorheben wollen, ist es sinnvoll, diese liedhafte Wirkung unmittelbar zu demonstrieren. Aus der Darbietung des akustischen Eindrucks läßt sich dann – über die Frage nach den Ursachen dieser Wirkung – eine Motivation zur exakten Untersuchung der sprachlichen Mittel gewinnen.

Der eleganteste und eindrucksvollste Stundeneinstieg scheint uns hier das Vorspielen einer der zahlreichen Vertonungen des Mignonliedes zu sein. In den Plattensammlungen der Schulen dürfte sich mit allergrößter Wahrscheinlichkeit eine der musikalischen Umsetzungen des Liedes finden. Neben weniger bekannten Vertonungen stehen berühmte Kompositionen von: Beethoven, 1809, op. 75, Nr. 1; Franz Schubert, 1815 (Nachlaß 1816); Franz Liszt, 1842; Robert Schumann, 1849, op. 79 Liederalbum für die Jugend Nr. 29; Hugo Wolf, 1888.
Im Sinne eines persönlichen und daher völlig unverbindlichen Geschmacksurteils würden wir für unseren unterrichtlichen Zweck

der von Goethe geschätzten Beethoven-Version oder der Schumannschen Fassung – wenn als Platte verfügbar – den Vorzug geben.

Unterrichtsschritte

Der Unterricht beginnt mit der musikalischen Darbietung des Liedes. Die Musikfassung sollte ohne lange Präliminarien vorgespielt werden und ganz unmittelbar wirken. Nach dem Hören des Liedes sollten die Schüler den Text vor Augen bekommen und das Gedicht noch einmal als „Sprechfassung" hören. Dabei kann durchaus in der Intonation eine Lösung von der Vertonung und die Eigenständigkeit des gesprochenen Wortes hörbar werden.

Die Schüler nennen dann Eindrücke, die das Gedicht hervorruft: Das Liedhafte, Musikalische, aber auch das Sehnsuchtsvolle, Suggestive und eine gewisse Rätselhaftigkeit, ein Zustand des In-der-Schwebe-Bleibens der unerfüllten (und unerfüllbaren?) Wünsche, all dies wird im allgemeinen intuitiv erfaßt.

Die Frage nach der Ursache dieser Wirkungen läßt sich in drei Einzelschritten klären durch Untersuchung:
a) der eindrucksvollen Bildfolge,
b) der rhetorischen (syntaktischen) Figuren,
c) der klanglichen Mittel

Die Reihenfolge dieser Einzelschritte braucht keineswegs notwendig in dieser Abfolge durchgeführt zu werden; im Sinne der Teilsequenz unserer Reihe liegt hier der Akzent weniger auf der mehr inhaltlich orientierten Betrachtung (d. h. auf der Bildfolge). Da sich aber bei jüngeren Schülern das Verständnis am ehesten über konkrete Bildvorstellungen entwickeln läßt, dürfte es in den Klassen 7/8 wohl am einfachsten sein, zuerst eine Bildkette aus der Summe der sinntragenden Substantive (die fast immer durch ein stimmungsträchtiges Adjektiv ergänzt bzw. hervorgehoben sind) zu erarbeiten.

Ein solches Verfahren entspricht hier auch einem methodischen Fortschreiten, da durch den Stundenablauf der beiden ersten Beispiele der Teilsequenz diese Betrachtungsweise vorbereitet ist.

Bei Schülern, die bereits Kenntnisse auf dem Gebiet des Satzbaus haben, könnte genauso gut mit der Untersuchung der Syntax begonnen werden.

Untersuchung der Bildelemente[1]

Die erste Strophe addiert blühende Zitronensträucher, goldene – d. h. leuchtende – Orangen im dunklen Laub, blauen Himmel, stille Myrte und hohe Lorbeerbäume zu einem schönen Phantasiebild des Traumlandes Italien. Zauber und Rätselhaftigkeit bleiben erhalten, einmal durch die Frageform („Kennst du das Land?"), die als Frage ohne Antwort stehen bleibt, und zum weiteren durch die Stilfigur der Metonymie (d. h. der Name des Landes ist hier nur assoziativ aus der Umschreibung erschließbar).

Die Bildelemente der zweiten Strophe: das Haus, ein von Säulen getragenes Dach, der glänzende Saal, schimmernde Gemächer, Marmorbilder evozieren die Vorstellung einer antiken bzw. einer Renaissance-Architektur. Goethe dachte dabei wahrscheinlich an die Villa Rotonda bei Vicenza von Andrea Palladio[2].

Die dritte Strophe schließlich erinnert an

---

1 vgl. hierzu auch: Paul Requadt, Die Bildersprache der deutschen Italiendichtung von Goethe bis Benn. Bern und München (Francke Verlag) 1962, S. 15 – S. 26
2 vgl. hierzu den Aufsatz von Herman Meyer: „Kennst du das Haus? – zu Goethes Begegnung mit Palladio." In: Herman Meyer, Zarte Empirie, Studien zur Literaturgeschichte, Stuttgart (Metzlersche Verlagsbuchhandlung) 1963, S. 225 – S. 243; ebd. findet sich auch eine Abbildung der Villa Rotonda.

den (damals) gefahrvollen Weg über die Alpenpässe in das Land der Sehnsucht. Der Aufbau der Bildkette bietet also insgesamt Mignons sehnsuchtsvolle Traumvision. Zuerst das ferne südliche Land mit dem Zugleich von Blüte und Frucht als lieblichem Ziel des Fernwehs; dann das Haus als konkretes Ziel und Zufluchtsort, Behausung für den unbehausten „Scheinknaben" – wie Goethe Mignon im zweiten Buch, Kap. 7 von Wilhelm Meisters Wanderjahre nennt. Beiden Zielen, dem Land und dem Haus, sind als schier unüberwindbare Hindernisse vorgelagert: Wolkensteg, Nebelweg, Drachen, Fels und reißende Flut. Damit wird die Erfüllung der Wünsche, das Erreichen der Traumziele ins Sehnsuchtsvoll-Illusorische, ins nahezu Unerreichbare gesteigert und dem Gedicht der melancholische Reiz aller zu hohen kindlichen Bitten verliehen.

Die rhetorisch-syntaktischen Stilfiguren

Rational nachweisbar sind die syntaktischen Kunstfiguren, die in Relation zum Textumfang in einer solchen Häufung auftreten, daß künstlerische Absicht nicht in Abrede gestellt werden kann. Ob man nun die rhetorischen Elemente in der Reihenfolge, in der sie im Gedicht nach und nach auftauchen, behandelt oder ob man die Schüler syntaktische Besonderheiten der Diktion finden läßt, bleibt sich im Endeffekt – nämlich dem Feststellen des Kunst- und Gestaltungswillens, der im Gedicht zum Ausdruck kommt – gleich.

Jüngere Schüler brauchen hier eher die Leitung durch den Lehrer und werden daher auf dem ersten Weg zügiger vorankommen, während fortgeschrittene Schüler sich in der Regel gegen zu starkes Gängeln seitens des Lehrers sträuben. Man sollte daher – auch um die Freude am Gedicht nicht zu zerstören – vor allem in diesem Teil der Besprechung, als ein Gegengewicht zum relativ trockenen Feststellen syntaktischer Baubefunde, der Phantasie der Schüler insoweit Spielraum lassen, als man die Deutung der rhetorischen Figuren in Hinblick auf ihre mögliche Absicht und ihre mögliche Wirkung in die Besprechung einbezieht und in diesem subjektiveren Bereich Schüleräußerungen, soweit sie nicht dem Geist des Gedichtes zuwiderlaufen, aus pädagogischen Gründen weitherzig akzeptiert.

Aus Gründen der schnelleren Überschaubarkeit bieten wir hier den Überblick entsprechend dem Textkontinuum.

Die Geminatio „Dahin! dahin" wird dabei im Sinn des Enjambements und im Sinn der Paarreime jeweils zum vorletzten Vers der damit also sechszeiligen Strophen (d.h. je drei Paarreime) gezählt.

Die Strophenanfänge

„Kennst du das Land . . .?" (V. 1)

„Kennst du das Haus . . .?" (V. 7)

„Kennst du den Berg . . .?" (V. 13)

bieten jeweils (erstens) eine rhetorische Frage und (zweitens) neben dem syntaktischen Parallelismus (drittens) zugleich die Stilfigur einer Anapher, die den Schülern aus dem Goethe-Gedicht, Der Fischer bereits bekannt ist. Die Aufzählung: „die Zitronen blühn, die Goldorangen glühn, ein sanfter Wind weht, die Myrte . . . steht" kann als asyndetische Reihung und als Parallelkonstruktion der einzelnen Glieder aufgefaßt werden; ähnliche Parallelismen (mit einer Variante in der Reihenfolge der Satzteile) weisen die folgenden Strophen auf.

Vers zwei bietet mit der Formulierung „im dunklen Laub die Goldorangen glühn" eine Inversion zur normalen Wortfolge von adverbiale Bestimmung, Prädikat, Subjekt (im Laub glühn die Orangen) oder Subjekt, Prädikat, adverbiale Bestimmung (die Orangen glühn im Laub). Durch diese Inversion rückt das Reimwort „glühn" auf das betonte Versende und gibt damit akustisch den Goldorangen eine verstärkte Leuchtkraft.

Vers drei weist infolge der Alliteration „Wind – weht" eine Art Binnenreim auf.

Vers vier enthält einen kunstvollen Chiasmus: „die Myrte still und hoch der Lorbeer", (auf die Assonanz im zweiten Glied wird später noch ausdrücklich verwiesen).

Die jeweils vorletzten Verse der Strophen:
„Kennst du es wohl? Dahin! dahin" (V. 5)
„Kennst du es wohl? Dahin! dahin" (V. 11)
„Kennst du ihn wohl? Dahin! dahin" (V. 17)
bieten refrainartige Wiederholungen der rhetorischen Fragen; diese Refrain-Verse, die zum liedhaften Charakter des Gedichtes wesentlich beitragen, werden einmal in ihrer Wirkung verstärkt durch die Anklänge an die Strophenanfänge, zum zweiten bieten die Verse eine leichte Variation durch das eine Wort „ihn" in Vers 17, zum dritten ergibt sich die Intensivierung durch die sechsfache Wiederholung des „Kennst du" und durch die sich dreimal anschließende Exclamatio des „Dahin! dahin". Zugleich bietet dieser Ausruf die Stilfigur der Gemination (oder Iteratio).

Schließlich zeigen die Schlußverse der Strophen mit ihrer appellativen Allocutio jeweils eine Anapher und im Schlußwort „ziehn" eine Epipher.

Die Reihe „Geliebter, Beschützer, Vater" stellt eine kunstreiche Variation dar, die eine sinnschwere, von Goethe sehr bewußt gesetzte Anspielung enthält, denn ursprünglich hatte er in allen drei Versen (6, 12, 18) das gleiche Wort – nämlich „Gebieter" –, das dann 1795 im ersten Druck in die dreifache Variante verändert wurde.[1] Wenn nämlich hier jeweils die gleiche Person angesprochen wird – und nichts spricht dagegen –, dann schwingt hier die Assoziation an das inzestuöse Verhältnis der Geschwister Sperata und Augustin und an Mignons schuldig gewordenen Großvater mit; dadurch erhält auch Vers 10 eine tiefere Dimension.[2]

Endlich entwickelt sich aus den sechs Versanfängen mit den gleichen Worten „Kennst du" und aus den drei Refrainformeln „dahin, dahin" – verstärkt noch durch das zweimal folgende „möcht ich mit dir" – eine Verklammerung und Dichte der Einzelstrophe und darüber hinaus ein einprägsames Klanggeflecht durch alle drei Strophen hindurch.

Eine Fortführung der syntaktischen Parallelismen bieten die Strophen zwei und drei (z. B. „Es glänzt der Saal, es schimmert das Gemach", V. 8, oder V. 14/15).

Durch diese raffiniert einfachen Satzbaumuster erhält das Lied, dem Charakter Mignons entsprechend, etwas Kindhaftes und rückt in die Nähe des Volksliedtones. (Nicht zufällig wohl wurde es auch in Herders Sammelband aufgenommen.[3])

Die Klangfiguren

Die Klangfiguren, die im Mignonlied auftauchen, sind im wesentlichen: Reim, Assonanz, Alliteration, Emphase und – sofern man den Begriff Stilfigur weit genug faßt – ein kunstvoll gestalteter Vokalismus.

Notiert man die reimtragenden Vokale der drei Strophen einmal im Sinn einer Synopse, so wird der kunstreiche Gleichklang evident, der die Strophen durchzieht:
erste Strophe: ü ü / e e / i ie
zweite Strophe: ă ā / ă ā / i ie
dritte Strophe: e e / u u / i ie
Die Strophen eins und drei bieten zusammen gesehen in den ersten vier Reimen einen Chiasmus (üü, ee – ee, uu), bei dem das hellere, lieblichere ü, die Brechung des u-Lautes, dann in den dunkleren Ton des strengeren, reinen u-Klanges abgestuft und intensiviert wird.

Zwischen beiden Strophen stehen die vier

1 vgl. die Anmerkung von Eduard von der Hellen, in: Goethes sämtliche Werke, Cotta Jub. Ausg. Bd. 2 (1906), S. 300

2 Gustav Cohen, Mignon; in: Jb. d. Goethe-Ges. 7, 1920

3 Suphan, in: Goethe Jb. II, 144 und die Anmerkung von Gustav v. Loeper, in: Goethes Gedichte Bd. 1 (1882), S. 352

Reime auf a im Wechsel von kurzem, hellerem und langem, dunklerem a (Däch, Gemäch, än, getän). Durch die lautliche Einförmigkeit, nicht Eintönigkeit, der vier auf den Vokal a volltönenden Reime entsteht auf Grund ihrer geringen lautlichen Variationsbreite und verstärkt durch die auch sonst in der Strophe sich häufenden a-Laute eine Art Klangmonotonie und Klangstabilität mit statischer Klangwirkung, die dem angesprochenen Architekturobjekt und dem Statuarischen der Marmorbilder adäquat ist.

Am Ende aller Strophen folgt dann der Paarreim auf i, ie als Kadenz. Endlich läßt sich noch die Finesse feststellen, daß dem jeweils letzten langen Schluß-ie (in „ziehn") die Klangtrias ie – ü – u (in den Wörtern: Geliebter, Beschützer, uns) vorangeht wie ein zum tiefsten Ton melodisch hingleitendes Decrescendo.

Einer solchen Feinheit und Schönheit der Vokalklänge, die ja auch dann wirken, wenn sie nicht rational-bewußt rezipiert werden, kann sich das Ohr wohl kaum verschließen. Nicht zuletzt beruht auch das Suggestiv-Rührende der Bitten Mignons auf dem Zauber der im Vokalismus sich ausdrückenden Musikalität.

Ergänzt wird der sinnreich geordnete Vokalismus der Reime durch die Stilfigur der Assonanz (z. B.: hoch der Lorbeer) und im konsonantischen Bereich durch die an magische Beschwörungsformeln gemahnenden zahlreichen Alliterationen.

Während Alliterationen wie „Wind – weht" (V. 3), „still – steht" (V. 4), „stehn – sehn" (V. 9), „Fels – Flut" (V. 16) deutlich ins Bewußtsein treten, lassen aber auch die Wörter „Land – Laub", die durch die bereits erwähnte Inversion an die jeweils gleiche betonte Versstelle (V. 1, V. 2) treten, das feinhörige Ohr eine Alliteration empfinden. Die Summe all dieser sowohl rationalen (syntaktischen) als auch zum Teil irrationalen (phonologischen) Einzelelemente ergibt

dann eines jener Kunstgebilde, wie sie Proust im Sinn hat, wenn er schreibt, daß in den vollendeten Kunstwerken, die Wörter sich ordnen und zusammenfügen in Beziehung zu andern, und untereinander immer zahlreichere Verbindungen eingehen, so daß in den vollendeten Kunstwerken kein einziges Tüpfelchen nur für sich steht, sondern daß jeder Teil abwechselnd von allen andern her den Grund seines Daseins erhält, wie er andererseits dem ihrigen Sinn verleiht.

Alternative

Sicher wird man auf Sekundarstufe I nicht alle Komponenten dieses beziehungsreichen Gedichtes so ausführlich erarbeiten können; wenn indes den Schülern Gestaltungswille und Gestaltungskraft des Dichters durch Klärung einiger syntaktischer und einiger Lautfiguren (nach Wahl des Lehrers) bewußt und einsichtig wird, dürfte das Stundenziel erreicht sein. In Anbetracht der Fülle der Aspekte, kann der Lehrer, – wenn aus Zeitgründen nötig – entsprechend der Klasse und der jeweiligen unterrichtlichen Situation in der Weise kürzen, daß er entweder Schritt a (Bildfolge) ganz entfallen läßt oder aber sich bei den Schritten b (Syntax) und c (lautliche Mittel) auf die Erarbeitung von je zwei oder drei Textbelegstellen beschränkt (vielleicht zu b: rhetorische Frage, Parallelismus, Refrain; zu c: Reim, Alliteration, Assonanz).

Eine andere Möglichkeit, ein breites Spektrum von Ergebnissen zu erzielen, eröffnet sich, wenn man einen sogenannten arbeitsteiligen Gruppenunterricht organisiert. Dabei könnte im Sinn von Neigungsgruppen (erstens) den schwächeren Schülern einer Klasse die relativ einfache (methodisch bekannte) Teilaufgabe a, Bildfolge, erteilt werden. Eine andere Schülergruppe könnte (zweitens) die Teilaufgabe b, Untersuchung der Syntax, übernehmen. Einer dritten

Schülergruppe fiele die schwierige Teilaufgabe c, „lautliche Stilmittel" zu. Nach der Aufgabenstellung folgt dann die Phase der Gruppenarbeit mit dem anschließenden Vortrag der Gruppenergebnisse durch die Schüler. Danach kann wie bei einem gemeinsamen Arbeitsunterricht die zusammenfassende Schlußformulierung des Gesamtergebnisses folgen.

Erweiterung

Nach unserem heutigen etwas verengten Sprachgebrauch, der den Begriff „Ballade" auf erzählende Gedichte begrenzt hat, ist dieses Lied der Mignon nicht als Musterbeispiel einer Ballade anzusehen.
Goethe hat aber in der Ausgabe von 1815 die mit „Balladen" betitelte Gruppe mit dem Lied Mignons eröffnet.[1]
Im Sinne von Goethes Auffassung, wie er sie in der bereits erwähnten ‚Betrachtung und Auslegung' von 1821 dargelegt hat,[2] haftet aber ganz sicher dem Mignonlied viel Balladeskes an; man bedenke dabei, daß die sonst in der Ballade vorhandenen epischen Partien hier im Kontext des Romans mitschwingen[3] und im Gedicht selbst daher ganz sekundär bleiben, aber dennoch anklingen, etwa wenn Mignon in unbewußter Anspielung auf ihr Schicksal von sich sagt „was hat man dir, du armes Kind, getan?"
Bei einer Behandlung des Gedichtes innerhalb einer umfangreicheren Balladenreihe könnte das Mignonlied zeigen, wie auch in einer Ballade die lyrischen Elemente (hier insbesondere im Refrain) einen wesentlichen Bestandteil ausmachen können.
Der Lehrer sollte, wenn er das ‚mysteriose' Mignonlied als Ballade behandelt, den epischen, im Roman enthaltenen Rahmen, nämlich die seltsame Lebensgeschichte des

---

1 vgl. hierzu die Anmerkung Eduard von der Hellens, in: Goethes Sämtliche Werke, Cottasche Jub. Ausg. Bd. 1 (1902), S. 336f. und Bd. 2 (1906), S. 300f.
2 Goethe: „Die Ballade hat etwas Mysterioses, ohne mystisch zu sein; diese letzte Eigenschaft eines Gedichts liegt im Stoff, jene in der Behandlung. Das Geheimnisvolle der Ballade entspringt aus der Vortragsweise. Der Sänger nämlich hat seinen prägnanten Gegenstand, seine Figuren, deren Taten und Bewegung so tief ins Sinne, daß er nicht weiß, wie er ihn ans Tageslicht fördern will. Er bedient sich daher aller drei Grundarten der Poesie, um zunächst auszudrücken, was die Einbildungskraft erregen, den Geist beschäftigen soll; er kann lyrisch, episch, dramatisch beginnen und, nach Belieben die Formen wechselnd, fortfahren, zum Ende hineilen oder es weit hinausschieben. Der Refrain, das Wiederkehren eben desselben Schlußklanges, gibt dieser Dichtart den entschiedenen lyrischen Charakter . . . Hat man sich mit ihr vollkommen befreundet . . . so sind die Balladen aller Völker verständlich, weil die Geister in gewissen Zeitaltern, entweder kontemporan oder successiv, bei gleichem Geschäft immer gleichartig verfahren. Übrigens ließe sich an einer Auswahl solcher Gedichte die ganze Poetik gar wohl vortragen, weil hier die Elemente noch nicht getrennt, sondern, wie in einem lebendigen Ur=Ei, zusammen sind, das nur gebrütet werden darf, um als herrlichstes Phänomen auf Goldflügeln in die Lüfte zu steigen." Cotta'sche Jub. Ausg. Bd. 2 (1906), S. 336
3 vgl. die Anmerkung von Gustav Loeper, in: Goethes Gedichte, erster Theil, Berlin (Verlag v. G. Hempel) 1882, S. 352f.

lieblichen Kindes, in Form eines kurzen Exkurses (als Lehrervortrag) geben.[1]

Im übrigen ist dieses Gedicht durchaus geeignet zu zeigen, wie insbesondere in den Balladen sehr häufig der Anteil rhetorischer Figuren ganz erheblich ist. (Als Paradigma zur Erarbeitung rhetorischer Stilfiguren kann auch G. A. Bürgers berühmte Ballade ‚Lenore‘ herangezogen werden.)

4. Stunde:
Heinrich Heine, Childe Harold

Unterrichtsziel / Einstieg

Klangkomposition und lautliche Eigenart, die bei der sprachlichen Gestaltung der Lyrik wichtige Kunstmittel der Gattung darstellen, wurden bereits bei der Besprechung von Goethes Mignonlied berücksichtigt.

In konsequenter Fortführung der Unterrichtsreihe dient hier das Gedicht „Childe Harold", Heinrich Heines 1840 veröffentlichte Romanze auf den Tod des englischen Dichters Lord Byron (gest. 19. 4. 1824), primär zur Erarbeitung von Klangstrukturen.

---

1 hierzu u. a.:
Herman Meyer, in: Zarte Empirie, Stuttgart 1963, S. 237–243; Fritz R. Lachmann, Goethes Mignon. Entstehung, Name, Gestaltung. In: Germ. Roman. Monatsschrift 15 Jg., Heidelberg 1927, S. 100–116; Alfredo Dornheim, Goethes ‚Mignon‘ und Thomas Manns ‚Echo‘. Zwei Formen des ‚göttlichen Kindes‘ im deutschen Roman. In: Euphorion Bd. 46, Heidelberg 1952, S. 315ff.
Die Lebensgeschichte Mignons ergibt sich, soweit für diesen Zweck von Bedeutung, aus folgenden Kapiteln von Goethes Roman:
Wilhelm Meisters Lehrjahre: Buch 2, Kap. 4, 5, 8, 9, 14;
Wilhelm Meisters Lehrjahre: Buch 3, Kap. 1ff.
Wilhelm Meisters Lehrjahre: Buch 8, Kap. 8, 9 (Vorgeschichte)
zur Ergänzung: Wilhelm Meisters Wanderjahre: Buch 2, Kap. 7

Auf der Sekundarstufe I können die thematischen Aspekte, die das Gedicht als (spät-)romantisch ausweisen, sowie Fragen geistesgeschichtlicher Einordnung beiseite bleiben. Da jedoch auch den Schülern auf Sekundarstufe I eine Erklärung des ihnen unverständlichen Titels, ein Hinweis auf den äußeren Anlaß der Entstehung des Textes und eine Erläuterung der inneren Motivation Heines den Zugang zum Text und seiner Eigenart erleichtern, ist es hier sinnvoll, in Form einer kurzen Erläuterung durch den Lehrer, ein paar einleitende Sacherklärungen vorweg zu stellen:

1. Der Titel „Childe Harold" ist eine Wiederaufnahme des Titels von Lord Byrons populärstem Werk (Childe Harolds Pilgerfahrt, 1812 – 1818).
2. Der „tote Dichter" (V. 5): Lord Byron hat am griechischen Freiheitskampf (1821 – 1829) teilgenommen. Seine Leiche wurde 1824 vom Sterbeort Missolunghi in Griechenland nach England übergeführt.
3. Der Autor Heine fühlte sich dem Romantiker Byron geistesverwandt[1] und hat auf des Tod des gefeierten Dichters das hier vorliegende Gedicht geschrieben[2].

Nach einem solchen Einstieg, d. h. nach der nötigen Information zum geistigen Kontext, kann dann mit der Textbesprechung begonnen werden.

Es ist sicher nützlich, wenn die Schüler bei einem scheinbar so einfachen, in Wahrheit aber so raffiniert kunstvollen Gedicht den

---

1 vgl. Heine, Sämtliche Schriften, hrsg. v. Klaus Briegleb, München, Hanser Verlag, Bd. 1 (2te Aufl. 1975), S. 800, 801 (= Kommentar zu den Byron-Übersetzungen Heines)
vgl. auch Heine, Reisebilder, Italien, Die Bäder von Lucca, Kap. 4 a.a.O., Bd. 2, S. 405f.
2 An dieser Stelle kann vertiefend die Einsicht abgeleitet werden, daß Lyrik, wie jede andere künstlerische Hervorbringung auch, nicht als Klang im leeren Raum entsteht, sondern mitbedingt wird durch die Summe aller Begleitumstände, die auf einen Autor wirken.

Childe Harold

Eine starke, schwarze Barke
Segelt trauervoll dahin.
Die vermummten und verstummten
Leichenhüter sitzen drin.

Toter Dichter, stille liegt er,
Mit entblößtem Angesicht;
Seine blauen Augen schauen
Immer noch zum Himmelslicht.

Aus der Tiefe klingts, als riefe
Eine kranke Nixenbraut,
Und die Wellen, sie zerschellen
An dem Kahn, wie Klagelaut

Heinrich Heine

Text von Anfang an vor Augen haben. (Entweder man teilt die vervielfältigten Gedichttexte zum Stundenbeginn aus, oder man läßt – sofern die Zeiteinteilung des Stundenplans es zuläßt – die wenigen Kurzzeilen vor (!) Stundenbeginn an die Tafel schreiben, oder man macht den auf Folie vorgeschriebenen Text mit Hilfe des Overheadprojectors für die Schüler sichtbar.) Für die unterrichtliche Behandlung ist es wichtig, daß gemeinsam unmittelbar – d. h. optisch mitvollziehbar – an und mit dem Text gearbeitet werden kann. Dazu ist es meist auch dienlich, wenn der Gedichttext mit einem größeren Zeilenabstand geschrieben erscheint, um während des Unterrichts gewonnene Arbeitsergebnisse interlinear zu ergänzen.

Zur Erarbeitung des Vokalismus-Phänomens

Schüler der Sekundarstufe I bringen nur selten eine Sensibilität für lyrische Klanggebilde mit. Es dürfte also wenig hilfreich sein, die Schüler unvermittelt mit der Behauptung zu konfrontieren, daß hier eine ganz bestimmte kunstvolle Laut- und Klangwirkung vorliegt; vielmehr bedarf es fast immer einer Hilfestellung durch den Lehrer beim Prozeß des „Hören-Lernens".

Eine (anspruchsvolle) Möglichkeit zur akustischen Sensibilisierung mit Hilfe einer Vertonung wurde beim Mignongedicht Goethes angeführt.

Eine andere, „technisch" weniger aufwendige Möglichkeit, die lautlich-akustischen Gegebenheiten eines Gedichtes einsichtig zu machen und die Entwicklung des Sprachgefühls und die Einsicht in die unterschiedliche Wirkung einer Häufung (oder Reihung) von hellen bzw. dunklen Vokalen zu fördern, bietet der Umweg über das Sehen. Eine solche verstandesmäßige Umsetzung von akustischen Qualitäten in optische Qualitäten öffnet auch Menschen, die eigentlich stärker auf visuelle Eindrücke reagieren, das Ohr für den Klang der Sprache.

Das Hören-Lernen der Sprache ist Voraussetzung zur Entwicklung des Sprachgefühls, dessen es beim Verstehen und Deuten von Lyrik in besonderem Maße bedarf.

Die Unterrichtsreihe „Lyrik" hat hier – über das eng Fachliche hinaus – also auch das Lernziel, Sprachgefühl und Sprachbewußtsein zu wecken und zu erweitern. Der Schüler soll am Unterrichtsgegenstand des lyrischen Gedichts lernen, Wortklang und Timbre, und damit auch gehaltliche Nuancen des Wortsinns, ebenso wie mitschwingende Ober- und Untertöne einer Aussage zu erfassen.

Um hier nicht ins Nebulose zu geraten, bedarf es einer betont rationalen Methode des Sichtbarmachens, indem etwa im Druckbild des Gedichts helle Vokale mit hellen Farben, dunkle Vokale mit dunklen Farben unterlegt werden. Erst wenn die Vokale (und Konsonanten) in ihrer lautlichen Abfolge bewußt als Buchstabenreihe gesehen werden, sind akustische Phänomene für den Schüler stringent beweisbar und werden dann – nach ihrer bewußten Erfassung – auch bewußt gehört!

Nach dem Einstieg durch Vorinformation und Lektüre kann zunächst von den Schülern die Thematik formuliert werden.

Da bei der folgenden Betrachtung die akustische Realisation der „Totenklage" im Vordergrund stehen soll, kann man die Einstiegsfrage stellen, ob der Hörer des Gedichtes vom Klang des Wortlauts her schon auf die Aussage des Gedichtes verwiesen wird.

Dabei ist mit Sicherheit zu erwarten, daß nur ein (kleinerer) Teil der Klasse (bei fortgeschrittenen Schülern unter Verweis auf sogenannte lautmalerische Wörter) den melancholischen Grundcharakter des Gedichtes akustisch erfaßt. Daraus leitet sich eine Motivation ab für den nächsten Unterrichtsschritt.

Klanganalyse und Untersuchungen zum Rhythmus

Bei Anfängern bietet sich als möglicher Weg zum bewußten Erfassen das farbliche Sichtbarmachen der Vokale an.

Da es hier nicht generell auf sämtliche Vokale ankommt, sondern primär auf die deutlich zu hörenden, das heißt auf die tontragenden Vokale sinnakzentuierter Wörter, müssen zunächst die Wörter herausgearbeitet werden, denen ein (Betonungs-)Akzent zukommt.

Dabei werden bereits verdeutlichend zur Unterstreichung dunkeltöniger Wörter (auf die Vokale a, ö, u, au) und helltöniger Wör-

ter (auf die Vokale i, e) verschiedene Farben zur Kennzeichnung des Lautunterschiedes verwendet.

Hilfreich ist bei jüngeren Schülern in diesem Zusammenhang auch der Hinweis auf das Scherzlied von den „Drei Chinesen mit dem Kontrabaß", das man einmal auf ‚i' oder ‚e', dann auf ‚o' oder ‚u' aufsagen läßt und unterschiedliche Wirkungen daran erarbeitet. Man kann hier zeigen, daß Vokale unabhängig vom Sinn der Wörter einen ihnen eigenen Klangcharakter haben, der dem Text eine klangeigentümliche Ausdrucksqualität verleiht.

Als solche akzenttragenden Wörter ergeben sich die auch durch Assonanz bzw. Binnen- und Endreim hervorgehobenen Wörter:

I	II	III	IV
starke	vermumm-	Dichter	blauen
schwarze	ten	stille	Augen
Barke	verstumm-	liegt er	schauen
trauer-	ten		Himmels-
voll			licht

V	VI	VII
Tiefe	Wellen	an dem
klingts	zer-	Kahn wie
riefe	schellen	Klage-
Nixe		laut

Betrachtet man diese sieben Lautgruppen genauer, bemerkt man, daß die Gruppen I, II, IV, (jedoch ohne das Schlußwort „Himmelslicht") und VII ganz eindeutig durch dunklen Vokalismus geprägt werden. Helle Vokale ergeben sich dagegen für den Dreischritt: Dichter (III) – Himmelslicht (IV) – Tiefe (V).

Damit kann – über die Lautanalyse – bereits ein interpretatorischer Ansatz gewonnen werden.

Fragt man den Schüler nach dem Sinnzusammenhalt dieser drei Termini (unter Umständen muß eine Hilfsfrage nach der räumlich-vertikalen Gliederung vorgeschaltet werden), so ergibt sich das Bild vom Dichter zwischen der lichten Bläue des Himmels, die sich in seinen noch immer geöffneten blauen Augen gleichsam spiegelt, und der tiefen Bläue des Meeres – also eine deutliche Vertikale mit der Polarität von Himmel und Meer und dem Dichter zwischen den Polen: die Augen zum Himmel geöffnet (Ausdruck seiner metaphysischen Sehnsucht), während doch auch ein Bezug zu irdischer Sinnlichkeit im Klagelaut der Nixen zum Ausdruck kommt.

Dieser interpretatorische Gedanke läßt sich leichter erarbeiten und fruchtbringender vertiefen, wenn es den Schülern gelingt, den Bezug zum ganz ähnlichen Aufbau des Goethe-Gedichts „Der Fischer" selbst herauszufinden.

Notfalls läßt sich der Zusammenhang durch provozierende Fragen nach einer (bereits bekannten) ähnlichen Konstellation herstellen. Das Herausarbeiten der Parallele – also die Transferleistung – erscheint uns für den Gesamtlernvorgang des Interpretierenlernens wichtig, weil damit das Erkennenlernen von sinnschweren Bildzusammenhängen, in denen sich gedankliche Strukturen ausdrücken, geübt wird.[1]

Als Ergebnis dieser Vokalanalyse läßt sich resümieren: Die drei lautlich durch helle Vokale gekennzeichneten Sinnpartien (III, V, VI) heben sich wie Lichter auf dunklen Wogen aus einem klanglich dunklen Kontext, der beherrscht wird von den dunkleren Vokalen a, au, o, ö, u.

---

[1] In einem geistesgeschichtlichen Kontext gesehen überträgt Heine (wahrscheinlich unbewußt) eine schon bei Novalis in den „Lehrlingen zu Sais" ausgesprochene Auffassung „Es ist nicht bloß Widerschein, daß der Himmel im Wasser liegt, es ist eine zarte Befreundung, ein Zeichen der Nachbarschaft, und wenn der unerfüllte Trieb in die Höhe will, so versinkt die glückliche Liebe gern in die endlose Tiefe" (Novalis, a.a.O., 2. Abschnitt „Die Natur") vgl. hierzu: A. Langen, Dialogisches Spiel, Hdbg. 1969, S. 205

Die dunklen Vokale, vor allem der Eingangs- wie der Schlußzeile, evozieren – verstärkt noch durch den Wortsinn: schwarz, trauervoll, Klagelaut – die schwermutvolle bedrückende Stimmung eines feierlichen Trauerzuges.

Die kunstvolle lautliche Gesamtstruktur des Gedichts steht also im inneren Wechselbezug zum melancholischen Grundcharakter; die Analyse der lautlichen Struktur bringt über den Weg der Einsicht in die lautliche Gestaltung auch Ansätze zur gehaltlichen Deutung.

Der Charakter der Totenklage wird auch durch den Rhythmus unterstützt.

Das Problem des Rhythmus soll allerdings, um diese Stunde nicht zu überlasten, ausführlicher erst in der folgenden Stunde anhand des Liliencron-Gedichts erarbeitet werden. Hier geht es zunächst nur darum, zu zeigen, daß unabhängig vom Metrum jeder Text eine ihm angemessene Sprechgeschwindigkeit und Rhythmisierung erfordert, d.h.: der Heinetext muß sinngemäß langsam, dem feierlich langsamen Gleiten der Totenbarke entsprechend, vorgetragen werden.

Bisher war in der Unterrichtsreihe nur der Begriff des Metrums (im Zusammenhang der Analyse des Gryphius-Sonetts) erarbeitet. In metrischer Hinsicht handelt es sich hier durchweg um vierfüßige Trochäen (die man interlinear einzeichnen lassen kann). In rhythmischer Hinsicht fehlt den Trochäen hier das Beschwingte, das diesem Versmaß sonst oft anhaftet. Damit ist ein Ansatz gegeben, um Unterschiede zwischen rational feststellbarer metrischer Folge (betonter und unbetonter Silben) und dem inneren Rhythmus (eines dem Text angemessenen Sprachflusses) bewußt zu machen.

Während sich der Begriff ‚Metrum' für schulische Zwecke definieren läßt als rational faßbares Gliederungsprinzip aus den auszählbaren Einheiten betonter und unbetonter Silben, kann der Rhythmus dann, wie oben angedeutet, gefaßt werden als der sinnbedingte Sprachfluß, der dem Gedicht eigentümliche Sprechduktus.

Der Sprachablauf des Gedichtes, der – um recht deutlich zu werden – der lautlichen Intonierung bedarf, ist im Fall des Gedichtes „Childe Harold" ein langsamer, getragener, gleichmäßig dahingleitender Rhythmus, in dem sich das langsame Dahingleiten des Totenschiffes ausdrückt.

Eingehendere Übung und Deutung zum Rhythmus wird – auch um eine einzelne Unterrichtseinheit nicht zu überladen – beim Gedicht Liliencrons in den Unterricht einbezogen.

5. Stunde:
Detlev von Liliencron, Die Musik kommt

Unterrichtsgegenstand und Unterrichtsziel

Bei der Betrachtung von Heines „Childe Harold" standen im Vordergrund die Betrachtung von Vokalismus und die Untersuchung, inwiefern die Klangfarben der Vokale einem Gedicht (als Klanggebilde) einen klangspezifischen (z.B. schwermütigen) Charakter verleihen.

Bei der Erarbeitung des folgenden Gedichts soll darüber hinaus die rhythmische Gestaltung eines lyrischen Textes bewußt gemacht werden.

Da Schüler mit dem Erfassen des Sprachrhythmus und daher auch mit dem Begriff „Rhythmus" im sprachlichen Bereich meist Schwierigkeiten haben, wurde hier ein sehr deutlich rhythmisierter Text gewählt, der zudem noch durch seine Thematik sowohl eine Verdeutlichung des im sprachlichen Bereich nicht exakt meßbaren Phänomens „Rhythmus" als auch eine Parallele zum musikalischen Ausdrucksmittel „Rhythmus" erleichtert.

Die Stunde soll die rhythmische Gestaltung eines Gedichts bewußt machen und zum Verständnis für das Phänomen des Sprachrhythmus, als eines wichtigen lyrischen Gestaltungsmittels, führen. Darüber hinaus kann auch das Kunstmittel der Lautmalerei hier verdeutlicht werden, da in Liliencrons Gedicht „Die Musik kommt" lautmalerische Wörter gehäuft vorkommen.

Einstieg:

Für Schüler der Sekundarstufe I ist es im allgemeinen leichter, nicht mit der Frage nach dem *Wie* der Gestaltung zu beginnen, sondern den unkomplizierteren thematischen Einstieg mitzuvollziehen, da Schüler zunächst meist auf den Inhalt des Gedichts (also auf das Was der Aussage) achten.

Der Musikzug, der hier vorbeibraust, ist eine Militärkapelle; die Musik wohl eine Marschmusik und als solche rhythmisch besonders klar und einprägsam und suggestiv bewegend.

Eröffnet man also das Unterrichtsgespräch mit der Einstiegsfrage:

„Welche Musik kommt hier?", dann ergibt sich zwanglos eine Charakterisierung der Musik der Militärkapelle.

Aus dem Erfassen des (inhaltlichen) *Was* leitet sich dann konsequent die Frage nach der Eigenart dieser Musik, also die Frage nach dem (formalen) *Wie* der Gestaltung, ab.

Mit einer zweiten Frage:

„Welche besonderen Kennzeichen haften dieser Musik des militärischen Spielmannszuges an?" gelangt man dann bereits zur Erarbeitung der Eigenart des Gedichts, das in Imitation musikalischer Rhythmik deutlich durch eine sprachliche Rhythmisierung geprägt wird.

Mit größter Wahrscheinlichkeit taucht in den Schülerantworten auch der Begriff „Rhythmus" auf. Hieran können sich dann die folgenden unterrichtlichen Themen anschließen:

1. Zum Begriff des Rhythmus (allgemein)

Die Musik kommt

Klingling, bumbum und tschingdada,
Zieht im Triumph der Perserschah?
Und um die Ecke brausend bricht's
Wie Tubaton des Weltgerichts,
5   Voran der Schellenträger.

Brumbrum, das große Bombardon,
Der Beckenschlag, das Helikon,
Die Piccolo, der Zinkenist,
Die Türkentrommel, der Flötist,
10   Und dann der Herre Hauptmann.

Der Hauptmann naht mit stolzem Sinn,
Die Schuppenketten unterm Kinn;
Die Schärpe schnürt den schlanken Leib,
Beim Zeus! das ist kein Zeitvertreib!
15   Und dann die Herren Leutnants.

Zwei Leutnants, rosenrot und braun,
Die Fahne schützen sie als Zaun;
Die Fahne kommt, den Hut nimmt ab,
Der bleiben treu wir bis ans Grab!
Und dann die Grenadiere.   20

Der Grenadier im strammen Tritt,
In Schritt und Tritt und Tritt und Schritt,
Das stampft und dröhnt und klappt und flirrt,
Laternenglas und Fenster klirrt.
Und dann die kleinen Mädchen.   25

Die Mädchen alle, Kopf an Kopf,
Das Auge blau und blond der Zopf;
Aus Tür und Tor und Hof und Haus
Schaut Mine, Trine, Stine aus.
Vorbei ist die Musike.   30

Klingling, tschingtsching und Paukenkrach,
Noch aus der Ferne tönt es schwach,
Ganz leise bumbumbumbum tsching;
Zog da ein bunter Schmetterling,
Tschingtsching, bum, um die Ecke?   35

Detlev von Liliencron

---

2. Zum (besonderen) Rhythmus des Gedichts „Die Musik kommt"
3. Musikalische Stilelemente
4. Impressionistische Stilmerkmale (sofern
der Text in einer literarhistorisch orientierten Unterrichtsreihe besprochen
wird.)

Zum Rhythmus

Mit der einfachen Frage, was man gemeinhin im Sprachgebrauch unter Rhythmus versteht, läßt sich als Definitionsansatz die Einsicht gewinnen, daß man unter Rhythmus
eine Aufeinanderfolge von ähnlichen Einheiten aus Klang- oder Geschwindigkeits-
wechsel verstehen kann.

Die rhythmischen Einheiten, jeweils beste-
hend aus einem Ausgangs- und einem Folgeteil, lassen sich dabei am einfachsten in
der Weise unterscheiden, daß entweder der
Ausgangsteil den Tonakzent oder die Spannung trägt und dann in einen unbetonten,
leichteren, spannungslösenden Folgeteil
ausschwingt; so im trochäischen (– ∪) oder
daktylischen Vers (– ∪∪); oder aber der
Ausgangsteil ist tonschwach und schwingt
sich zu einer Spannung und zum Starkton
des Folgeteils hin; so im jambischen Vers
(∪ –) oder beim Anapäst (∪∪ –).

Im ersten Fall, beim Ausschwingen in den schwachen rhythmischen Teil, entsteht eine abgleitende, staulösende Rhythmusbewegung: die Grundhaltung dieses Rhythmus, zu der die rhythmische Gesamtbewegung hinstrebt, ist das Hinabgleiten in den Zustand der Gelöstheit, des Gleitens, der Ruhe: musikalisch gesprochen also ein Descrescendo. Im zweiten Fall zielt der Rhythmus ansteigend vom Schwachton zum Akzent hin, also ein Crescendo.

Die beiden rhythmischen Grundmöglichkeiten, die wir hier unterschieden haben, lassen sich mit einem kleinen, bei Kindern sehr beliebten Sprachspiel verdeutlichen:[1]

Es wird dabei schnell hintereinander das trochäische Wort „Apfel" mehrfach wiederholt:

„Ápfel, Ápfel, Ápfel, Ápfel . . ."

Die rhythmische Zelle schwingt dabei aus dem Starkton der ersten Silbe in den gelösten Schwachton der jeweils letzten Silbe.

Bei Kindern, denen dieser Rhythmus nun wesensfremd ist, bei den sogenannten dynamischen Typen, schlägt die rhythmische Zelle bei diesem Spiel mit unwiderstehlichem Reiz um in ein Crescendo: Fell áb! Fell áb! Fell áb!

Als unterrichtliches Fazit lassen sich daraus die beiden divergenten rhythmischen Grundtendenzen ableiten[2].

1 Für eine Behandlung des Problems „Rhythmus" im lyrischen Gedicht verweisen wir für die Sekundarstufe II auch auf: Wolfgang Kayser, Kleine deutsche Versschule, Bern und München 1960 ebd. Kap. 7, S. 100–120.
Kayser unterscheidet a.a.O. die vier Rhythmustypen des fließenden, bauenden, gestauten und strömenden Rhythmus. Für unsere Betrachtungen fassen wir fließenden und strömenden Rhythmus einerseits sowie bauenden und stauenden Rhythmus andererseits jeweils als eine rhythmische Grundtendenz: daher unterscheide ich – auch aus Gründen didaktischer Vereinfachung – nur zwei rhythmische Grundtypen.
2 Vgl. B. Christiansen u. E. Carnap, Lehrbuch der Graphologie, Stuttgart 1955, S. 16f.

Zum Rhythmus in Liliencrons Gedicht „Die Musik kommt"

Im Anschluß an das oben ausgeführte kleine rhythmische Sprachspiel und die damit verbundene Erarbeitung der beiden rhythmischen Grundtendenzen läßt man dann mit verstärkt akzentuierender Betonung den Eingangsvers des Gedichts „Die Musik kommt" lesen. Die Schüler stellen sofort fest, daß hier eine rhythmisch sinnvolle Sprechweise nur in der Art möglich ist, bei „Klinglíng" und „Bumbúm" die jeweils zweite Silbe zu betonen; damit ist aber bereits eine sehr deutliche Rhythmisierung im Sinn eines dynamisch fortschreitenden Spannungsrhythmus festgelegt.

An weiteren Versen können die Schüler diesen Befund des dynamischen Marschrhythmus überprüfen.

Mit der Ergänzungsfrage, durch welches (bereits bekannte) Stilmittel der rhythmische Eindruck verstärkt wird, läßt sich die Aufmerksamkeit auf die Alliterationen lenken. Der militärische, marschmäßig fortstampfende Rhythmus (z. B. Vers 3: Und um die Ecke brausend bricht's) wird dann in zunehmendem Maße durch das Stakkato der unverbundenen Aufzählung (Asyndeton) in Strophe 2, Vers 6–9 gesteigert. Durch ein Sprechen mit kleinen Staupausen vor den betonten Einsätzen wird auch der Stakkatoeffekt deutlich. Da wohl in jeder Klasse einige Schüler ein Musikinstrument spielen, kann man die hier dem Text angemessene Intonierungsweise, nämlich eine stakkatoartige Vortragsart, ohne großen Aufwand erfragen (z. B. „Mit welchem musikalischen Fachausdruck bezeichnet man eine solche unverbundene und zwischen den Wörtern pausierende oder stauende Darbietungsart einer Tonfolge?")

Mit der Frage nach rhythmisch besonders deutlich ausgeprägten Verszeilen, in denen auch äußerlich (vom Klang wie vom Inhalt her) die straffe militärische Ordnung – wie sie sich in dem festen Rhythmus ausdrückt – sichtbar wird, weckt man das Bewußtsein der Schüler für die rhythmisch und inhaltlich gegliederten Zeilen:

„Voran der Schellenträger / und dann der Herre Hauptmann / und dann die Herren Leutnants / und dann die Grenadiere und dann die kleinen Mädchen", alle werden vom strammen Rhythmus eines militärischen Gleichschritts erfaßt: „In Schritt und Tritt und Tritt und Schritt."

Erst dann, ganz am Ende, löst sich die in der Ferne verklingende Musik auf. „Ganz leise" hört man das Nachhallen von ein paar dunklen und einem hellen Ton: „bumbumbumbum tsching", dann ein paar helle Töne und ein dunkler Laut: „tschingtschingbum". Als Kontrastbild zum lauten martialischen Vorbeimarsch folgt spielerisch assoziativ ein bunter Schmetterling – mit seinen flatternden Bewegungen ist die Suggestion des Marschrhythmus verflogen. (Auf eine weiterreichende Möglichkeit der Deutung für das Bild des bunten Schmetterlings kommen wir noch zurück.)

Musikalische Stilelemente

Nach der Erarbeitung der rhythmischen Gestaltungskomponente sollte den Schülern verdeutlicht werden, daß der Text auch durch eine Anzahl weiterer sogenannter musikalischer Stilelemente geprägt wird.

Die assoziationsauslösenden Namen der Musikinstrumente, die lautmalerischen Wörter, ferner Wörter, die akustische Vorstellungen auslösen, dann die Assonanzen und Alliterationen, kennzeichnen das Gedicht als ein ans Ohr appellierendes Wortkunstwerk.

Solche wichtigen Kunstmittel lautlicher Gestaltung, mit denen Liliencron das Gedicht gewissermaßen ‚musikalisiert', können von den Schülern erschlossen werden.

Als Lehrerimpuls genügt die Aufforderung an die Schüler, Wörter mit akustischem Sinn

zu nennen. Auch die Leitfrage nach Wörtern, die an die akustische Phantasie appellieren, führt weiter.

Die Schüler bringen zunächst ihre Beiträge. Der Lehrer kann sie gliedern:

a) Namen der Musikinstrumente
b) Lautmalerische Wörter (ohne konkreten Wortsinn)
c) Wörter aus dem Bereich der akustischen Wahrnehmung
d) Assonanzen und Alliterationen

Zur Erarbeitung der Textbelege zu den vier Wortgruppen geben wir im folgenden eine Zusammenstellung (als Übersicht für den Lehrer), die selbstverständlich in solcher Ausführlichkeit im Unterricht nicht angestrebt werden sollte. Meist bleibt auch nach der Erarbeitung des rhythmischen Textcharakters nur die Zeit, die Namen der Instrumente und die Wirkung der Namensnennung, sowie ein paar weitere Beispiele zu betrachten. Es ist dabei günstig, wenn der Lehrer darauf achtet, daß jeder der angesprochenen Bereiche berücksichtigt wird.

Die Musikinstrumente: Nicht allein durch den dynamischen Marschrhythmus, der sich aus dem Gesamtduktus des Gedichts ergibt, wird die akustische Phantasie geweckt, sondern auch durch die Namen der Musikinstrumente: Tuba, Schellenbaum, Bombardon, Becken, Helikon, Piccolo, Zinke, Trommel, Flöte, Pauke.

Jüngere Schüler wollen hier in der Regel auch einige Belehrungen über die durchweg unbekannten Instrumente: das Bombardon, das Helikon, die Zinke (auch der Zink)[1]

---

1 Das Bombardon = tiefe Tuba; das Helikon = Kontrabaßtuba, ein weitgebautes, tiefes Blechblasinstrument: ein Bügelhorn hat eine mehrfach gewundene Schallröhre mit nach oben gerichtetem Schalltrichter, seitlich angesetztem Kesselmundstück und drei bis fünf Ventilen. Die im Militär-, Sinfonie-, und Opernorchester verwendete Tuba wird in drei Größen gebaut: als Baßtuba in B = Baritonhorn, Euphonium, als Baßtuba in Es oder F = Bombardon,

Lautmalerische Effekte: Der musikalische Eindruck verstärkt sich ebenso durch die Fülle lautmalerischer Wörter, welche die Klänge der Instrumente andeuten. Die Weite des Klangspektrums wird dabei durch die nebeneinandergesetzten Hoch- und Tieftöne suggestiv eingeprägt:

„Klingling, bumbum, Tschingdada, brumbrum, Klingling, tschingtsching, bumbumbumbum, tsching, tschingtsching, bum."

Wörter aus dem semantischen Feld akustischer Wahrnehmung: Außer den Wörtern, die ohne konkreten Wortsinn nur die bloßen Klangimpressionen registrieren, findet sich dann noch eine ganze Anzahl von Vokabeln, die dem semantischen Feld der akustischen Wahrnehmung entstammen:

brausend, (wie Tuba-)Ton, stampfen, dröhnt, klappt, flirrt, klirrt, tönt, (Pauken-)Krach, leise.

Assonanzen und Alliterationen: Eine akustisch-klangliche Wirkung bringt auch das Stilmittel der Assonanz (z.B. Mine, Trine, Stine; Schritt, Tritt).

Eine stärker akustisch-rhythmische Wirkung ergeben die zahlreichen Alliterationen (und Anaphern):

Tuba-Ton, Brum-Brum, Bom-bardon, Türken-Trommel, dann-der, Herre-Hauptmann, Schuppen-Schärpe-schnürt-schlank, Kette-Kinn, Zeus-Zeitvertreib, rosen-rot, bleiben-bis, Kopf an Kopf, blau-blond, Tür-Tor, Hof-Haus.

---

als Kontrabaßtuba in B oder C = Helikon, für Militärmusik zum Umhängen.
Der Zink (auch: die Zinke, Kornett): altes Blasinstrument aus Horn oder Holz mit Trompetenmundstück und sieben Grifflöchern; langgestreckt (d.h. gerader Zink), gebogen (d.h. krummer Zink) oder schlangenförmig gewunden (d.h. Serpent). In Deutschland waren die Zinken in den Stadtpfeifereien bis ins 18. Jahrhundert üblich. Der Zinkenist war dann ein Musiker, der das Privileg hatte, bei feierlichen Anlässen zu spielen.

Wurde bei einer verkürzten Unterrichtsreihe auf die Behandlung von Goethes Gedichten verzichtet, kann man hier auch noch die Behandlung rhetorischer Fügungen und eine Übung zur Textgliederung anfügen.

Von geringerer musikalischer Wirkung sind kunstvolle rhetorische Fügungen wie:

„Schritt und Tritt / Tritt und Schritt" oder „das Auge blau / blond der Zopf" (Chiasmus) oder das den Zug imitierende Gliederungsprinzip der Reihung beim Strophenanfang, verstärkt durch die Wiederholung am Strophenschluß.

Humoristische Untertöne?

Will man Liliencrons Gedicht nicht primär unter dem hier angebotenen Aspekt rhythmisch lautlicher Gestaltung betrachten, etwa in einer literarhistorisch aufgebauten Sequenz oder auch im Sinn einer Einzelstunde, so könnten bei einer gehaltlich orientierten Besprechung auch die humoristischen Untertöne beachtet werden.

In Hinblick auf den Inhalt bietet dieses Gedicht zwar keinen besonderen gedanklichen Tiefsinn, doch macht seine klare Gliederung es für jüngere Schüler inhaltlich schnell durchschaubar (und damit zu einem geeigneten Objekt in didaktischer Hinsicht).

Zu Inhalt und Aufbau könnten herausgearbeitet werden:

Ankündigung der Musikkapelle, die Militärmusiker, der Hauptmann, die Leutnants, die Grenadiere, die von dem Zug angelockten kleinen Mädchen und – spielerisches Aperçu am Ende – ein bunter Schmetterling; möglicherweise als Symbol des bunten Zuges deutbar. „Zog da ein bunter Schmetterling?", die Frageform läßt es offen, ob im Bild des Schmetterlings nur der bunte Spielmannszug oder realiter ein Falter gemeint ist.

Vielleicht könnte eine inhaltliche Betrachtung dann auch einige nicht uninteressante humoristische Elemente zutage fördern.

Das Gedicht könnte damit auch zur Begriffsbildung des schwierigen Begriffes ‚Humor' beitragen.

Als Leitfragen bieten sich an:

„Welche Textstellen deuten darauf hin, daß der Dichter vielleicht mit einem leisen Zwinkern in den Augenwinkeln den vorbeiziehenden Musikzug betrachtet?"

„Welche Formulierungen im Text könnten beim Leser des Gedichts ein (harmlos-freundliches) Schmunzeln bewirken?"

Vor allem zwei Textstellen sind es, die doch recht humoristisch anmuten:

„Beim Zeus! Das ist kein Zeitvertreib!" (V. 14)

Zunächst betrachte man die kontrastierende Zusammenstellung der durch Alliteration einander zugeordneten Wörter: Zeus – Zeitvertreib. Das Heroische neben dem Banalen erzeugt hier (wie in der Regel) einen humoristischen Effekt. Fragt man dann weiter: Was ist kein Zeitvertreib?, so ergibt sich als unmittelbare Textableitung: „Die Schärpe schnürt den schlanken Leib" – sicher, auch das „Nahen" des Hauptmanns ist kein „Zeitvertreib", aber beides zusammen, das militärisch, parademäßig Herausgeputzte, das stolze Marschieren – man fühlt sich an einen selbstbewußten Hahn erinnert – erbringt bei einer unmilitärisch-modernen Gefühlshaltung einen humoristischen Effekt.

Die zweite für unser Empfinden humoristische Stelle findet sich in Strophe 4:

„Zwei Leutnants, rosenrot und braun,
Die Fahne schützen sie als Zaun" (V. 16/17).

Schon die Alliteration rosen-rot in Bezug auf die (jungen) Offiziere bewirkt eine humoristische Empfindung.[1]

Beim Vers „Die Fahne schützen sie als Zaun" lassen sich die zwei langen, vermutlich mageren Offiziere als dürr, hölzern, als lattenhafte Zaunpfähle deuten, d. h. die beiden Leutnants werden auf eine recht prosaische Funktion („als Zaun") reduziert. Im Kontrast zwischen dem Status militärischer Respektspersonen und der mit (lächerlicher) Würde vollzogenen Aufgabe von zwei Zaunpfählen erscheint das realiter Banale mit dem Anspruch des Bedeutenden und entlockt dem unbefangenen Zivilisten ein Schmunzeln.

Ob der vorzeitig aus preußischen Diensten verabschiedete Infanterieoffizier Detlev von Liliencron sich dieser keineswegs bissigen und wohl kaum anti-militärisch gemeinten Schmunzeleffekte bewußt war, bleibe ruhig einmal völlig dahingestellt; im Text drinnen steckt der Effekt mit Sicherheit.

Ergänzung der Arbeitsergebnisse

Die Behandlung von Lyrik als Unterrichtsstoff braucht in ganz besonderem Maße die Freude aus dem Erfolg, weil meist eine gewisse Scheu des Schülers (oft auch des Lehrers) vor der Gattung überwunden werden muß. Wenn dann am Ende eines anspruchsvoll fordernden Arbeitsunterrichts die Ergebnisse gewonnen sind, kann hier eine bestätigende „Probe" vorgenommen werden. Man läßt zunächst einen Schüler die Hauptergebnisse und den Grundgedanken resümieren, nämlich daß es sich hier bei Liliencrons Gedicht „Die Musik kommt" um ein mit quasi musikalischen Stilmitteln gestaltetes Gedicht handelt.

Man kann dann, zwanglos als Abschluß, die musikalische Umsetzung des Textes vorführen, in der nicht allzu anspruchsvollen, aber recht reizvollen Vertonung von Oskar Straus (1870–1954).[2]

Methodisch also eine Umkehrung zum Verfahren in der Unterrichtsstunde zu Goethes

---

1 Beim Wort „rosenrot" assoziiere ich unwillkürlich den bekannten Märchentitel von „Schneeweißchen und ROSENROT". Fragt man die Schüler, woher ihnen das Wort „rosenrot" bekannt ist, erhält man mit Sicherheit eben diesen Grimmschen Märchentitel.

2 Schallplatte bei Polydor (Deutsche Grammophon GmbH) mit Peter Alexander

„Mignon": dort die Liedhaftigkeit als Behauptung gesetzt und dann am Text nachgewiesen; hier die Stilelemente aus dem Text ermittelt und in der abschließenden Vorführung einer Vertonung als Probe aufs Exempel veranschaulicht.

Zur Vertiefung der Arbeitsergebnisse eignet sich als Hausaufgabe eine selbstständige Untersuchung zu einem ähnlichen Text, wie z. B. zu: Liliencron, Der Blitzzug.[1]

Erweiterung:
Impressionistische Stilelemente

Bei einer Gedichtanalyse in einer literarhistorisch aufgebauten Lernsequenz zur Lyrik eignet sich das vorliegende Gedicht Liliencrons auch dazu, eine Vorstellung von literarischem Impressionismus zu vermitteln.

Der literarische Impressionismus strebt wie die impressionistische Plein-air-Malerei nach genauer Wiedergabe der subjektiv empfundenen sinnlichen Eindrücke. Impressionismus, das bedeutet eine subjektive Wirklichkeitswiedergabe, die den unmittelbaren, einmaligen Eindruck darzustellen sucht durch exakte Beobachtung der zufälligen, transitorischen Augenblicksbewegung, ist Wiedergabe momentaner Stimmungsgehalte und „einmaliger Seelenzustände . . . in allen ihren feinsten Differenzierungen und Nuancen, Halbtönen und Schattierungen."[2]

1 Text im Lesebuch „Lesen, Darstellen, Begreifen" Bd. 7, S. 205, Frankfurt (Hirschgraben) 2te Auflage 1972

2 Gero von Wilpert, Sachwörterbuch der Literatur, Stuttgart 1969 (= 5., verb. u. erw. Auflage), S. 63ff.
Vgl. auch:
Luise Thon, Die Sprache des deutschen Impressionismus. Ein Beitrag zur Erfassung ihrer Wesenszüge. München 1928 (Wortkunst. Untersuchungen zur Sprach- und Literaturgeschichte, Neue Folge. 1. Heft, Hrsg. v. Oskar Walzel)
H. Sommerhalder, Zum Begriff des literarischen Impressionismus, 1961

Eine solche Wiedergabe von Impressionen liegt auch bei dem Gedicht „Die Musik kommt" vor. Der transitorische Eindruck einer akustisch-optischen Momentaufnahme wird mit den typisch impressionistischen Stilmitteln wie Lautmalerei, Synästhesie, Parataxe als Nebeneinander der Einzelkomponenten – Wahrnehmung neben Wahrnehmung – gestaltet.

Zur Erarbeitung der impressionistischen Stilmerkmale schlagen wir vor, zunächst den Impressionismus-Begriff anhand der Reproduktion eines impressionistischen Gemäldes einzugrenzen. (Man kann hierzu ein Dia aus der Kunst-Diasammlung – die für den Kunstunterricht bestimmt sind – verwenden.)

Nach der Vorführung der Reproduktion und einer kurzen Betrachtungsphase, in der die Schüler das Bild auf sich wirken lassen, könnten als wichtige Charakteristika des Gemäldes erkannt bzw. abgeleitet werden:

– Motiv im Freien und in unmittelbarer sinnlicher Wahrnehmung gesehen, daher
– Bedeutung von Licht und Farbe von primärer Wichtigkeit
– Gestaltung in Form eines additiven Nebeneinander (gesteigert bis ins Technische: Pointillismus)
– Darstellungsart oder -effekt: leichtes ‚Verschwimmen' des optischen Gesamteindrucks

Nach der Bildcharakteristik könnte man dann mit den Schülern in Form eines Unterrichtsgesprächs klären, ob sich ähnliche Elemente in Liliencrons Gedicht finden lassen.

Zur Erarbeitung bietet sich als Gliederung an (parallel zur vorangegangenen Arbeitsphase am Bild):

– Motiv im Freien; Wiedergabe einer sinnlichen (optisch/akustischen) Wahrnehmung
– Elemente von Licht und Farbe (der bunte Zug in alten Uniformen; das Licht auf den Instrumenten)

- Zusammenschau des Zuges mit den musikalischen Eindrücken: Synästhesien
- additives Nebeneinander einer Fülle von Einzeleindrücken (bis in die syntaktisch unverbunden Fügungen hinein nachweisbar)
- rasche Bewegung des Zuges: ergibt den Eindruck der Flüchtigkeit, den Eindruck eines vorüberziehenden Bildes, transitorisch verschwimmende Licht- und Klangimpression

Die Einzelmerkmale werden erarbeitet, in einem rein additiven Tafelanschrieb festgehalten und dann zur Formulierung einer Begriffsdefinition (auch als Hausaufgabe möglich) herangezogen.

6. Stunde:
Stefan George, Meine weissen ara

Unterrichtsziel

Georges Gedicht soll einmal als in sich geschlossenes Klanggebilde erkannt werden, das aus der Verbindung von in sich geschlossenem Bild und klanglichem Vokalzauber lebt. Insofern bildet diese Stunde eine Anwendungsübung zur Untersuchung des Vokalismus (unter Weiterführung der anhand von Heines „Childe Harold" erarbeiteten Ergebnisse).
Untersucht werden muß demnach die Lautstruktur und ihre Wirkung; ferner der innere Bezug des Gedichtklangs zum (inhaltlichen) Vorstellungsbild des Gedichts.
Das Bild von den gefangenen, träumenden Ara soll in seiner Gesamtaussage (Überwindung des Gefangenschaftsgefühls im Traumzustand) erkannt werden, damit vom Bild her der spätere Vergleich zum gegenläufigen Rilke-Gedicht (Papageien-Park) erarbeitet werden kann.

Zur Methode

Bei schwierigen Gedichten empfiehlt es sich – um dem bei Gedichtinterpretationen lei-

der oft naheliegenden ‚Schwafeln' zu entgehen – vom tatsächlich vorliegenden und schlüssig nachweisbaren formalen Befund auszugehen, sofern – wie hier möglich – eine inhaltlich-gehaltliche Deutung daraus abgeleitet werden kann. Man sollte also hier besser nicht vorweg die Wirkung des Gedichts verbalisieren lassen: erstens, weil diese Aufgabe als Einstiegsaufgabe vom Schüler der Sekundarstufe I sprachlich meist nicht geleistet werden kann, zweitens, weil die Gefahr, ins textfern Uferlose zu geraten, relativ groß ist und die Stunde sich dann der methodischen Führung durch den Lehrer entzieht.
Wenn man sich also dem suggestiven Vokal- und Bildzauber dieses Gedichts naiv hingibt und sich in Träume versenken läßt, dürfte eine unterrichtlich stringente Erschließung auf solchem Weg über die beinah hypnotische Wirkung des Textes wohl kaum noch möglich sein. Aus diesen Gründen sollte man, um Irrwege zu vermeiden, vom formalen und sprachlichen Befund ausgehen, denn vor allem dann, wenn ein Text schwer erschließbar erscheint, empfiehlt es sich, von dem auszugehen, was gegeben und rational sicher faßbar ist, d. h. vom formalen und sprachlichen Befund.

Einstieg

Wird das Gedicht in einer längeren Gesamtreihe zur Lyrik behandelt, dann dürfte bereits immanent ein gewisses Bewußtsein für methodisches Vorgehen beim Schüler vorhanden sein.
Aufgabe der Unterrichtsreihe ist ja auch, bewußt zu machen, wie interpretatorische Aufgaben gelöst werden können.
Man kann deshalb nach der Textpräsentation die Schüler auffordern, selbst Vorschläge zu machen, auf welche Weise man sich dem Text nähern könnte. Vom Bekannten ausgehend, kann – sofern er nicht von selbst angeboten wird – der Vorschlag provoziert

Meine weissen ara haben safrangelbe kronen
Hinterm gitter wo sie wohnen
Nicken sie in schlanken ringen
Ohne ruf ohne sang
Schlummern lang
Breiten niemals ihre schwingen –
Meine weissen ara träumen
Von den fernen dattelbäumen.

Stefan George

werden, den Text formal und sprachlich zu analysieren.

Als impulsgebende Fragen bieten sich an: „Auf welche Weise kann die Struktur des Gedichts erkannt werden?" oder „Welche Formelemente lassen sich im Text erkennen?"

Die Stunde selbst zeigt dann, wie auf diesem Weg vom sicher analytisch Feststellbaren (Reim / Metrum / Vokalketten / Wortketten) zur gehaltlichen Deutung fortgeschritten werden kann.

An dieser Stelle der Unterrichtsreihe genügt es dabei zunächst völlig, wenn als Impuls die Frage nach dem *Wie* des Vorgehens überhaupt einmal gestellt wird.

(Eine Wiederaufnahme solcher methodologischer Fragestellungen erfolgt dann wiederum zu Beginn der letzten Teilsequenz.)

Unterrichtsschritte

1. Vom hier angedeuteten Einstieg aus untersuchen wir zuerst die Bauform, die sich über eine Erarbeitung des Reimschemas als geschlossenes zyklisches Gebilde erschließt.
2. Der erste Strukturbefund wird dann kritisch überprüft:
   – anhand der metrischen Struktur
   – anhand des Wortmaterials.
3. Die den Schülern aus den vorangegangenen Gedichten (etwa bei Heine) bekannte Erscheinung einer Vokalgestaltung sollte hier selbständig erkannt werden. In selbständiger Analyse kann vom Schüler ein „Vokalbild" des Gedichts erarbeitet werden (vgl. im folgenden: Zum Vokalismus).
4. Nach Einsicht in die formalen Gegebenheiten des Textes kann alsdann die hypnotische Wirkung des Gedichtklanges von den Schülern erkannt und verbalisiert werden.
5. Eine semantische Untersuchung führt dann zur Beschreibung des Bildcharakters (vgl. im folgenden: Zum Wortschatz).
6. Nach diesen Schritten ergibt sich aus der Analyse des Bildes von den gefangenen Ara und ihren Träumen die Deutung, daß im Traum das Gefühl der Gefangenschaft überwunden wird.
7. Damit ist der Vergleich zu Rilkes Papageien-Park vorbereitet. Will man später die Gedichte eingehender vergleichen, empfiehlt es sich, bei der Zeiteinteilung der Unterrichtsstunde darauf zu achten, daß Schritt 5 und 6 stärker akzentuiert werden und einen breiteren Raum einnehmen.

Man kann in diesem Fall Schritt 2, 3 und 4 kursorisch behandeln oder etwa auf Schritt 3 (Vokalismus) verzichten, da Vokalerscheinungen bei Rilke keine interpretatorische Bedeutung erlangen;

Schritt 4 und 5 (semantisches Feld) können dann auch getauscht werden, da die Wirkung auch aus den Konnotationen des Wortschatzes abgeleitet werden kann.

Untersuchung zur Form

Beschreibung des Textbefundes: Acht Verszeilen, Großbuchstaben am Zeilenanfang, sonst durchgehend die bei George übliche Kleinschreibung; keine Satzzeichen, vom Schlußpunkt nach Vers 8 abgesehen; in Höhe der Zeilenmitte nach den Versen 1, 4 und 5 je ein Punkt wohl als Pausenzeichen, dann ein Gedankenstrich nach Vers 6; ob und inwieweit mit diesen Zeichen eine Strukturierung erreicht wird, kann erst die weitere Analyse zeigen.

Zum Reim: Das nächste, was von Schülern rational erschlossen werden kann, ist das Reimschema: a,a – b – c,c – b – d,d oder in Worten:
kronen/wohnen – ringen – sang/lang – schwingen – träumen/bäumen.
In dieser Reimkette läßt sich bereits eine kunstvolle Gliederung erkennen: Die beiden einsilbigen Reimwörter: sang/lang bilden eindeutig das Zentrum der Reimkette. Um dieses Zentrum legt sich als Klammer oder Ring das Verspaar: ringen/schwingen. Diesen einfachen inneren Ring (aus Vers 3–6) umschließen dann als Doppelring die Reimpaare a/a (Vers 1/2) und d/d (Vers 7/8). Aus dem Reimschema ergibt sich also eine kunstvolle und doch sehr klare Struktur, die sich durch eine kleine Zeichnung veranschaulichen läßt (vgl. Stundenblatt).
Die nächste, methodisch sich stellende Aufgabe ist eine kritische Überprüfung dieses ersten Strukturbefundes.
Wird dieser aus dem Reim hergeleitete Aufbau auch durch andere formale und inhaltlich-gehaltliche Elemente des Gedichtes bestätigt? Halten wir uns zunächst streng me-

thodisch weiter an die Form, so ergeben sich Möglichkeiten der Überprüfung 1. durch eine metrische Analyse; 2. durch eine Analyse des Vokalismus; in inhaltlich-gehaltlicher Sicht ist dann 3. eine genaue Untersuchung des Wortschatzes eine weitere, rationale Möglichkeit der Analyse.

Zum metrischen Bau: Zählt man nach Versfüßen aus, so ergibt sich als metrisches Bild:

1) — ∪ — ∪ — ∪ / — ∪ — ∪ — ∪		(a)
2) — ∪ — ∪ — ∪ — ∪		(a)
3) — ∪ — ∪ — ∪ — ∪		(b)
4) — ∪ — / — ∪ —		(c)
5) — ∪ —		(c)
6) — ∪ — ∪ — ∪ — ∪		(b)
7) — ∪ — ∪ — ∪ — ∪		(d)
8) — ∪ — ∪ — ∪ — ∪		(d)

Dieser Befund bestätigt eindeutig, was bereits aus der Reimuntersuchung ersichtlich war: Vers 4 und 5 bilden ein Zentrum, das sich auch in der metrischen Struktur von den Trochäen der übrigen Verse abhebt. Indem hier als Versfuß der dreiteilige Kretikus einen gewichtigen metrischen Schwerpunkt setzt, der sich rhythmisch als deutliche Verlangsamung im Sprechtempo auswirkt (und zwar durch die vermehrte Zahl der Hebungen).

Zum Vokalismus: Wie bei der Reimanalyse und der metrischen Untersuchung gehen wir auch hier vom Zentrum des Gedichts, d.h. von den Versen 4 und 5 aus; es ergeben sich für die beiden Kurzzeilen dann folgende Vokalketten:[1]

Vers 4: o e u / o e a
Vers 5: u / e a
Die augenfällige Vokalgleichheit verdeutlicht ganz unmittelbar den inneren Zusammenhang.
Untersuchen wir nun die Klammer der Ver-

---

1 Die Vokale werden in der Reihenfolge, in der sie im Vers stehen, notiert. Die betonten Vokale erscheinen unterstrichen.

se 3 und 6, so ergibt sich als Vokalfolge dieses Bild:

Vers 3: i e i e i a e i e
Vers 6: ei e ie a i e i e

Vom unterschiedlichen ersten Vokal abgesehen (Vers 3: i/Vers 6: ei) ergibt sich eine ganz evidente völlige Vokalgleichheit; der totale Gleichklang wird nur durch eine kleine (reizvoll-spielerische) Variation der beiden mittleren Vokale kunstvoll vermieden (Vers 3: i,a/Vers 6: a, i).

Eine weitere Parallelität im Vokalismus ergibt sich dann für die Verse 1/7 durch die Stilfigur der Anapher.

Die wörtliche Wiederaufnahme ergibt dabei eine enge Verknüpfung und betont, da Anfang und Ende so deutlich im Bezug stehen, den zyklischen Charakter des ganzen Textes.

Nur zwei der acht Verszeilen, nämlich die Verse 2 und 8, zeigen eine größere Variationsbreite, d.h. die vokalische Übereinstimmung beschränkt sich hier auf den Vokal e in drei der vier metrischen Senkungen:

$$- \cup - \cup - \cup - \cup$$

Vers 2: i e i e o ie o e
Vers 8: o e e e a e äu e

Gerade durch diese „Freiheit" wird eine totale klangliche Monotonie vermieden. Einen weiteren Sinn erhält insbesondere dieser formale Befund dann durch die noch ausstehende inhaltlich-gehaltliche Deutung. Die Analyse des Reimschemas, des metrischen Aufbaus und der Vokalfolgen erbrachte also immer die gleiche Einsicht, daß das Gedicht als ein in sich abgeschlossenes, quasi konzentrisches Klanggebilde gebaut ist. Es bleibt nun noch als letzte formale Untersuchung ein Blick auf den Wortschatz.

Zum Wortschatz: Für die Analyse auf Sekundarstufe I genügt es, wenn man zunächst einmal feststellt, ob ein Verbal- oder Nominalstil vorliegt.

Die Auszählung der Wörter erbringt als sta-

tistischen Befund das Ergebnis: 9 Substantive, 5 Adjektive, (davon 3 Farbadjektive: weiß, safrangelb, weiß) und 6 Verbformen. Es läßt sich also konstatieren, daß (wie übrigens durchweg bei Stefan George) die Nomina überwiegen; untersucht man nun noch die Verbformen genauer, so stellt man fest, daß von den sechs Verbformen (haben kronen, wohnen, nicken, schlummern, breiten niemals, träumen) nur eine einzige Form, nämlich „nicken", eine leichte Bewegung ausdrückt; in allen übrigen Verbformen kommt ein Zustand, ein Ruhen zum Ausdruck, d.h. der vom Nominalstil ausgehende Eindruck des Statischen wird durch die hier vorhandenen Verben verstärkt.

Zur Deutung

Die Ergebnisse der Formanalyse lassen erkennen, daß es sich bei dem Gedicht um ein in sich kreisendes, gleichsam zyklisches Wortkunstwerk handelt.

Am Anfang wird als erste Sinneinheit mit vokalischem Wohllaut ein schönes Bild gesetzt:

„Meine weissen ara haben safrangelbe kronen."

Die fünf volltönenden a-Vokale im Zentrum des ersten Verses werden mit der Klangfolge der beiden Assonanzen (meine/weissen; ara/safran) verwoben. Ruhe geht von dieser weichen Vokalmelodie aus; Zauber geht aus von dem Bild der weißen Ara[1] mit den safrangelben[2] Kronen.

---

1 Bei den Ara, einer Papageiengattung der Keilschwanzsittiche, ist – wie bei allen Papageien – das Gedächtnis- und Assoziationsvermögen besonders hoch entwickelt; ein Vermögen, über das auch die Ara dieses Gedichtes verfügen, wenn sie in ihrem Bewußtsein das Bild der fernen Dattelbäume ihrer Heimat evozieren.

2 Das Wort „Safran" kann im Kontext des Gedichtes, d.h. bei der künstlerischen Gestaltung eines Hinleitens in gelöste Ruhe und Traum, auch im Sinn einer Assoziation anspielen auf die Verwendung des Safrans als krampflösendes Mittel; d.h. „Safran" kann den im Text dargestellten Zustand der Entkrampfung auslösen.

„Meine weissen ara", das sind kostbare Phantasie- und Traumvögel, die durch ihre Weiße betont als etwas Seltenes, Distinguiertes, Kunstvoll-Besonderes abgehoben werden von den gemeinhin vorkommenden (Hyazinth-)Ara mit ihrer ordinären, sprichwörtlichen, schreienden Buntheit der Papageien.

„Hinterm gitter wo sie wohnen", d.h. in der Wirklichkeit ihrer Gefangenschaft bleibt „nicken" die einzige sichtbare Lebensäußerung, dann folgen im Zentrum des Gedichts die Aussagen vom Schweigen und Schlummer:

„ohne ruf ohne sang / schlummern lang"

In dieser Mitte von Schweigen und Ruhe versinkt das Gitter; die weißen Ara werden erfaßt von Schweigen, schlummern, träumen. Und auch der Beschauer vor dem Käfig wird von einer großen inneren Ruhe erfaßt beim Anblick der weißen Ara, bei der Beobachtung, wie sie aus einem Nicken hinüberschaukeln in Schweigen und Reglosigkeit, wie sie ins Schlummern und Träumen gleiten.

Eine seelische Ausgeglichenheit, die durch die einlullende Harmonie im Vokalismus hypnotisch intensiviert wird, geht von dem Gedicht aus. Wie bezaubert von der in sich kreisenden Ruhe einer Mandrafigur vollzieht sich unmerklich sanft ein Hingleiten in Traum und Trance.[1]

„Meine weissen ara träumen
Von den fernen dattelbäumen."

Gehen wir davon aus, daß diese beiden Verse im Rapport stehen zu den beiden Eingangsversen (so wie wir es aus der Struktur-

analyse hergeleitet haben), dann treten an die Stelle der „Gitter wo sie wohnen" (V. 2) nun im Bewußtsein die „fernen Dattelbäume" (V. 8). Die banale Wirklichkeit des Käfigs verschwindet, die höhere Wahrheit des Traums wird Realität.

Aus dem beinah hypnotischen Gleichklang des Gedichts entfaltet sich im Bewußtsein traumhaft-real die Vorstellung von den fernen Dattelbäumen und die Illusion der Freiheit.

Vorarbeit zum Gedichtvergleich

Im Hinblick auf den späteren Vergleich mit Rilkes Gedicht „Papageien-Park" muß hier vorarbeitend bei der Deutung vor allem der textimmanente Verlauf „Vom Bild der Gefangenschaft zum traumhaften Gefühl der Freiheit" herausgearbeitet werden. Dies geschieht am einfachsten dadurch, daß die beiden Pole „hinterm gitter" und die „fernen dattelbäume" klar als Anfangs- und Schlußaussage herausgestellt werden.

7. Stunde:
Rainer Maria Rilke, Papageien-Park

Unterrichtsziel

Sofern die Besprechung dieses Gedichts, wie die Gesamtkonzeption der Unterrichtsreihe vorsieht, am Ende der zweiten Teilsequenz steht, sollte nun die bisher erlernte Analyse- und Interpretationstechnik hier selbständig angewandt werden. Zum zweiten kann die zu erarbeitende Deutung in Bezug zum Interpretationsergebnis des George-Gedichts (Meine weissen ara) gesetzt und damit ein Gedichtvergleich motivgleicher Texte vorgeführt werden. Sofern die Unterrichtseinheit primär auf den sich anschließenden Gedichtvergleich zielen soll, empfiehlt es sich, die Formanalyse des Rilke-Textes zu kürzen, da hier (anders als bei

---

1 Diese hypnotische Wirkung wird im „Buch der Hängenden Gärten", dem dieser Text entnommen ist, noch verstärkt durch das unmittelbar vorhergehende Gedicht, das den entsprechenden „hypnotischen Befehl" enthält:
„Schliesse die lider
Unter dem flieder
Und wiege dich wieder
Im mittagstraum."

Papageien-Park

Jardin des Plantes, Paris

Unter türkischen Linden, die blühen, an Rasenrändern,
in leise von ihrem Heimweh geschaukelten Ständern
atmen die Ara und wissen von ihren Ländern,
die sich, auch wenn sie nicht hinsehn, nicht verändern.

5 Fremd im beschäftigten Grünen wie eine Parade,
zieren sie sich und fühlen sich selber zu schade,
und mit den kostbaren Schnäbeln aus Jaspis und Jade
kauen sie Graues, verschleudern es, finden es fade.

Unten klauben die duffen Tauben, was sie nicht mögen,
10 während sich oben die höhnischen Vögel verbeugen
zwischen den beiden fast leeren vergeudeten Trögen.

Aber dann wiegen sie wieder und schläfern und äugen,
spielen mit dunkelen Zungen, die gerne lögen,
zerstreut an den Fußfesselringen. Warten auf Zeugen.

Rainer Maria Rilke

George) die Form kaum entscheidende Hinweise zur Deutung bietet. Eine Straffung bei der Formbesprechung des Rilke-Gedichts bringt dann auch in der Unterrichtsstunde den Zeitgewinn, der dem Textvergleich zugutekommen kann.

Zum Gedichtvergleich wählen wir hier auf Sekundarstufe I zunächst die einfachere Methode in drei Schritten, d. h.

- Interpretation zum Gedicht A (= Stefan George, Meine weissen ara haben safrangelbe kronen)
- Interpretation zum Gedicht B (= Rilke, Papageien-Park)
- Vergleich: in Bezug zur Form (kann hier entfallen)
  in Bezug zum Inhalt und zur gehaltlichen Aussage (Parallelen: Motivgleichheit, Entsprechung im Bildansatz; Unterschiede: gegenläufige Konzeption, diametrale Ergebnisse [George: Gefangen-schaftsgefühl am Ende überwunden, im Traumzustand Illusion der Freiheit; Rilke: Stolz und Selbstbewußtsein der Ara am Ende entlarvt, in instinktiven Bewegungen Ausdruck des demütigenden Gefangenschaftsgefühls])

Wurde die schwierige Deutung des George-Gedichts in gemeinsamer Erarbeitung geleistet, so sollte nun (auch im Sinne fortschreitender Selbständigkeit) die Analyse des Rilke-Gedichts mit größerer Selbständigkeit des Schülers geleistet werden.

Unterrichtsschritte

Man kann den Gedichttext zur Erstellung einer schriftlich fixierten Formanalyse (als Hausaufgabe) den Schülern einige Tage vor der Besprechung aushändigen. Dieses Verfahren bietet den Vorteil, daß der Schüler sich selbst intensiv mit dem Text befaßt und im Sinn einer Anwendungsübung die Formalia: Metrum, Reim, Strophen- und Gedichtform, Klärung unbekannter Wörter und inhaltliche (Grob-)Gliederung herausarbeitet, also mit dem Text vertraut in den Unterricht kommt.

Auf eine eigene Deutung der Formalia kann (insbesondere im Rahmen einer häuslichen Vorbereitung) vorerst verzichtet werden, zumal eine solche Deutung hier schwierig und ziemlich willkürlich sein dürfte. Ob man etwa in der Monotonie vierfach wiederholter Reimwörter (aaaa/bbbb) die Erfüllung der vorgegebenen Sonettform oder eine kunstvolle Entsprechung zum Inhalt (Darstellung der gelangweilten Ara) sehen will, muß dem Interpreten überlassen bleiben. Ähnliche Deutungen anderer Formalia (etwa die der seltenen, gesuchten Reimwörter als Hinweis auf die Exklusivität der Ara) ergeben sich eigentlich auch erst im Anschluß an eine inhaltlich gehaltliche Erfassung des Gedichts. (Daher im Stundenblatt der Vorschlag, eine Deutung der Formelemente erst später nachzutragen.)

Die metrische Analyse kann gleichfalls, soweit wir sehen, keinen interpretatorischen Aufschluß bringen, dient allerdings zur Vorbereitung der Betrachtung und Beschreibung des Rhythmus. Wurde der Text in der angegebenen Weise vom Schüler vorbereitet, kann man dann die formalen Ergebnisse relativ rasch zusammenfassen, eine (knappe) gehaltliche Gesamtdeutung im Unterricht erarbeiten und den Vergleich mit dem George-Gedicht durchführen (vgl. Stundenblatt, Ergebnisteil II).

Eine andere Möglichkeit, die relativ rasch zu den nötigen Analyseergebnissen und zur gehaltlichen Deutung führt, bietet die Arbeitsweise des arbeitsteiligen Gruppenunterrichts. Die Aufgabenteilung kann dabei in der Weise erfolgen, daß je eine Gruppe Metrum, Reim, Strophen- und Gedichtform sowie die inhaltliche Gliederung selbständig untersucht.

Es empfiehlt sich, möglichst schnell zu den Analyseergebnissen zu kommen, damit in derselben Unterrichtsstunde der Vergleich mit dem George-Gedicht durchgeführt werden kann. Den Vergleich einer eigenen Stunde vorzubehalten ist bei jüngeren Schülern weniger ratsam, weil diese dritte Stunde – ohne neuen thematischen Anreiz – dann schnell als langweilig empfunden wird.

Formale Ergebnisse

Zum Metrum: Man läßt hier am besten den (nicht immer ganz eindeutigen und klaren) metrischen Befund als metrisches Zeichenbild in einer schematischen Wiedergabe niederschreiben.

Wir schlagen folgende metrische Lesart vor:

1) ∪∪ – ∪∪ – ∪∪ – ∪∪ – ∪ – ∪
2) ∪ – ∪ – ∪∪ – ∪∪ – ∪∪ – ∪
3) – ∪∪ – ∪∪ – ∪∪ – ∪ – ∪
4) – ∪∪ – ∪∪ – ∪ – ∪
5) – ∪∪ – ∪∪ – ∪∪ – ∪∪ – ∪
6) – ∪∪ – ∪∪ – ∪∪ – ∪∪ – ∪
7) – ∪∪ – ∪∪ – ∪∪ – ∪∪ – ∪
8) – ∪∪ – ∪∪ – ∪∪ – ∪∪ – ∪
9) – ∪ – ∪∪ – ∪ – ∪∪ – ∪ – ∪
10) – ∪∪ – ∪∪ – ∪∪ – ∪∪ – ∪
11) – ∪∪ – ∪∪ – ∪∪ – ∪∪ – ∪
12) – ∪∪ – ∪∪ – ∪∪ – ∪∪ – ∪
13) – ∪∪ – ∪∪ – ∪∪ – ∪ – ∪
14) ∪ – ∪∪ – ∪∪ – ∪ – ∪∪ – ∪

Ob man hier von Daktylen (– ∪∪) oder von Anapästen (∪∪ –) oder gar von Amphibrachen (∪ – ∪) sprechen will, hängt von der (oft willkürlichen) Setzung der Taktstriche ab.

Wir folgen hier im Sinne einer didaktischen Vereinfachung dem Vorschlag Wolfgang Kaysers[1] und bringen „die ganze Familie der

---

1 W. Kayser, Kleine deutsche Versschule, a.a.O., S. 33 f.

regelmäßigen zweisilbigen Senkungen unter die metrische Bezeichnung des Daktylus."[1] Für das vorliegende Rilke-Gedicht kann man also von fünfhebigen, daktylischen Versen sprechen, (sofern man von einigen Unregelmäßigkeiten in bezug auf die Senkungen absieht.)

Zum Rhythmus: Dem rhythmischen Empfinden des Lesers und Interpreten muß es auch überlassen bleiben, ob er hier die Schaukelbewegung der Ara rhythmisch nachgeahmt sehen kann.
Je öfter und je deutlicher skandiert man die Verse spricht, um so intensiver scheint für unser Ohr diese Bewegung der Ara, in den „von ihrem Heimweh geschaukelten

$- \cup \cup - \quad \cup \cup - \cup \cup$

Ständern"

$- \cup$

spürbar zu werden.
Man prüfe hierzu z. B. auch die Verse 7 und 12:
Und mit den kostbaren Schnäbeln

$- \cup \cup - \cup \cup - \cup \quad - \cup$

aus Jaspis und Jade

$\cup - \cup \cup - \cup$

Aber dann wiegen sie wieder

$- \cup \cup \quad - \cup \quad \cup - \cup$

und schläfern und äugen

$\cup - \cup \cup \quad - \cup$

Für den Unterrichtsverlauf ist es allerdings ratsam, sich hier in diesem subjektiven Bereich des rhythmischen Gefühls nicht „festzufahren".

Zum Reim und Reimschema: Der Text zeigt durchgehend zweisilbigen, klingenden (weiblichen) Endreim.
Das Reimschema lautet: aaaa – bbbb – cdc – dcd

Strophenformen: zwei Quartette und zwei Terzette fügen sich zum Sonett.

---

1 W. Kayser, ebd., S. 34

44

Deutung

Sofern die Vokabelkenntnisse nicht schon, wie oben vorgeschlagen, als Hausaufgabe mit der Vorbereitung eingebracht werden, dürften bei jüngeren Schülern vorweg die wenig gebräuchlichen Wörter: Jaspis, Jade, duff (u. a.) zu klären sein.[2]
Am leichtesten nähert man sich diesem auf den ersten Blick nicht ganz einfachen Gedicht im Unterricht, wenn man die Schüler den etwas preziösen Rilke-Text in kleinere Sinneinheiten gliedern und diese in Form einer paraphrasierenden Aussage umformulieren läßt.
Dabei könnte sich in etwa folgende Aussage ergeben:
Zu Strophe 1: Im botanischen Garten (Jardin des Plantes) blühen türkische Linden, d. h. eine wohl vom Zauber des Fernen und Fremden geprägte Art von Linden, an den Rändern von Rasenflächen. Unter den Linden stehen Papageienständer, in die wohl Schaukeln eingebaut sein dürften, auf denen ein paar Ara sachte, langsam, lautlos schaukeln.
Von diesen bunten Ara[3] wird gesagt, daß ihre schaukelnde Unrast dem Heimweh entspringt, daß in ihrem Bewußtsein das Bild ihrer fernen Länder unveränderlich eingeprägt ist.

---

2 Jaspis: Halbedelstein, trüber, durch Oxyde gefärbter Chalzedon, meist gelb, braun, rötlich
Jade: (chinesischer) Schmuck (-halbedel-) stein von trüber, undurchsichtiger, meist blaßgrüner Farbe, weißlich-grün, auch apfelgrün
duff: matt, dumpf, glanzlos
In Wilhelm Lehmanns Gedicht „Tierschau auf dem Weihnachtsmarkt" (in: noch nicht genug, 1950; auch in W. Lehmann, Gedichte, Reclam 1964, Universal Bibl. 8255, S. 34) findet sich das Wort „duff" in der aufschlußreichen Wortverbindung: „Schwarzweißer Dornbusch, sträubt sich das Stachelschwein; Läßt mich das duffe Glas des Auges ein?"
3 Die Schüler können hier das Wissen um die Ara aus Georges Gedicht einbringen.

Zu Strophe 2: Von den Ara wird weiter gesagt „Fremd im . . . Grünen wie eine Parade, zieren sie sich"

Das ist, denkt man an die Buntheit der Vögel, als Kontrastvorstellung leicht nachvollziehbar: Die bunten Ara, eine Papageienparade, auf ihren Ständern als farbenprächtige Schauobjekte aufgereiht, wirken in dieser Parkumgebung aus komplementären Grüntönen „femd", werden als farbliche „Fremdkörper" empfunden; vielleicht kann man sogar sagen, die Ara fühlen sich fremd in diesem Pariser Park.

Zu klären bleibt dann noch die etwas seltsame Formulierung vom „beschäftigten Grünen". Diese Textstelle in Vers 5 ist eine Passage, die sich zunächst einmal als ,sperrig' erweist. Man muß daher die Frage nach dem Wortlaut und dem Sinn der Wortkombination stellen. Man läßt die Schüler umschreiben, was mit „dem Grünen" hier gemeint sein kann. Als Hilfestellung zur Assoziationsauslösung kann der Hinweis ergänzt werden, daß sich die Szene des Gedichts in einem Park (Titel!) abspielt. Damit dürfte das Wort „im . . . Grünen" assoziativ determiniert werden als das Grün der Parkumgebung. Die Wortkombination „im beschäftigten Grünen" kann dann über den Wortsinn von „beschäftigt" geklärt werden. „Beschäftigt" ist das Gegenteil von „müßig"; sofern man diese simple Vorgabe machen will, können die Schüler Zuordnungen leisten: „müßig" ist die Ara-Parade, „beschäftigt" das Grüne ihrer Umgebung. Das Grüne, genannt sind Linden und Rasen des Jardin des Plantes, wird also durch das Wort „beschäftigt" einmal zu den unbeschäftigten, müßigen, paradierenden Ara – die bereits durch ihre Buntheit einen Kontrast bilden – in einen konträren Bezug gesetzt.

Als Leitfrage zu weiterer Klärung kann man fragen, was das Wort „beschäftigt" im Zusammenhang mit dem Grünen des Jardin des Plantes aussagen kann; die Schüler werden aufgefordert herauszufinden, womit das

Grüne des Parks (in seinem Bezug zur Umgebung) ,beschäftigt' sein könnte.

Aus dem Kontrastbezug zu den müßigen bunten Ara läßt sich ableiten, daß das Grüne einmal die Funktion haben kann, rein farblich die Buntheit der Ara-Parade zu absorbieren. Vielleicht kann auch eine Anspielung auf das geschäftige Treiben im Jardin des Plantes in dieser Formulierung vom „beschäftigten Grünen" gesehen werden.

Das Grün des Parks ist „beschäftigt" die Ara, die Tauben, die Besucher in die Parkatmosphäre zu integrieren; das Grün ist vom Treiben im Park, von Tätigkeit so erfüllt, daß es „beschäftigt", vom geschäftigen Leben erfüllt scheint. im Gegensatz zu den leise schaukelnden Ara, von denen zunächst nur gesagt wird, daß sie „atmen" (also eine Reduzierung dynamischer Lebensäußerungen auf ein Minimum). Die weiteren Verse, die das gelangweilte Gehabe dieser Ara darstellen, dürften keine Verständnisschwierigkeiten bereiten und von den Schülern mühelos paraphrasiert werden.

Zu Strophe 3: Hier werden einige Kontrastierungen geboten:

Oben die höhnischen Vögel – unten die eifrig pickenden Tauben, die das herabfallende Futter („Graues") aufklauben. Rilke apostrophiert sie als „duffe" Tauben: d.h. wohl glanzlos im Gefieder, matt-grau, vielleicht perlmuttern, farblicher Gegensatz zu den bunten Ara; Gegensatz auch in dem eifrigen „Klauben" des Futters, das von den Ara wie von verwöhnten Feinschmeckern als „fade" verschmäht, vergeudet, verschleudert, zur Erde geworfen wird.

Zu Strophe 4: Die Verse 12–14 enthalten für die Auflösung in einem fortlaufend paraphrasierten Prosatext nur die Schwierigkeit des Relativsatzes in Vers 13 („die gerne lögen").

Der Konjunktiv bringt zum Ausdruck, daß die Ara nicht lügen, dies aber nur wider

Willen oder ungern tun, daß sie vielmehr „gerne lögen". Geht man davon aus, daß die Ara sich eigentlich nur unfreiwillig hier offenbaren, ergibt sich als Frage, welche Wahrheit das wohl sein mag, der sie nur widerwillig Ausdruck verleihen.

Eine methodische Hilfestellung des Lehrers geht hier am besten davon aus, die Schüler den Konjunktiv („die gerne lögen") auflösen oder umschreiben zu lassen. Erkannt werden muß dabei, daß die Ara nicht lügen, daß sie eine Wahrheit ausdrücken, diese Wahrheit aber gerne verbergen möchten.

Daraus ergeben sich die zwei oben angedeuteten Leitfragen, die zum Kern der Deutung führen:

Erste Leitfrage: „Welche Wahrheit ist es, die die Ara wider Willen zum Ausdruck bringen?"

Zweite Leitfrage: „Aus welchem Grund würden die Ara wohl gerne lügen und die Wahrheit (die sie ungewollt ausdrücken) verbergen?"

Hat man beim Schüler die Frage provoziert, warum die Ara wohl gerne lögen, ist es nötig, den Schülern zu zeigen, daß nur der Gedichttext selbst die Antwort geben kann.

Faßt man zusammen, wie die Ara im Text dargestellt sind bzw. wie sie sich selbst darstellen, so ergibt sich im Ganzen folgender Befund: leise schaukelnd, Heimweh, atmen, wissen von ihren Ländern, fremd wie eine Parade, zieren sich, fühlen sich selbst zu schade, kauen Graues, verschleudern es, finden es fade, mögen (es) nicht, höhnische Vögel, verbeugen sich, wiegen sich, schläfern, äugen, spielen an den Fußfesselringen, warten.

Strophe vier faßt hier nahezu alles zusammen, was bis dahin von den Ara gesagt ist, bis auf das Ende: „spielen mit dunkelen Zungen . . ., zerstreut an den Fußfesselringen".

Aus einer vom Text her gewonnenen kurzen Charakteristik der Ara ergibt sich, daß sie sich als stolze, höhnische und sich überlegen

gebende Paradevögel darstellen.

Am besten läßt man eine solche Kurzcharakteristik aus dem Wortmaterial des Gedichts erstellen. Die Schüler finden dann (wenn nötig auf Nachfragen) leicht heraus, welche Verhaltensweise der Ara sich nicht in dieses Gesamtbild fügt: nämlich das Spielen mit der Zunge an den Fußfesselringen. Die Frage, in welcher Weise dieses Spielen erfolgt, bringt dann die Wahrheit zu Tage. Der Text sagt „zerstreut". Zerstreut: also unkontrolliert, instinktiv! Darin nun offenbart sich, daß es mit der höhnisch zur Schau gestellten Souveränität, mit dem sich hoheitsvoll Verbeugen, mit der Überlegenheit doch nicht so weit her sein kann.

Eine weitere Deutungshilfe gewinnt man, wenn die Schüler aus dem Bildaufbau: die Ara oben – die Tauben unten, die Vögel entsprechend dieser Bildanordnung gegenläufig charakterisieren.

Die duffen Tauben unten sind frei und voll (dumm-fröhlicher) Freßgier. Die wählerischen Ara oben, die sich zieren, sind dagegen mit Fußfesselringen an ihre leise schaukelnden Ständer gefesselt. Die dunkelen Zungen, die an den Fußfesselringen spielen, drücken ganz unverhohlen den Wunsch nach Freiheit aus. Die höhnischen Vögel, die sich zieren, die blasiert ihr Futter auf die duffen Tauben hinunterschleudern (wie im Haß des schönen, wohlhabenden Gefangenen auf den armen, unscheinbaren Freien), geben ihren Wunsch zwar nur ungewollt aber doch ganz instinktiv preis, weil im Wunsch nach Freiheit zugleich die Schmach ihrer Gefangenschaft, ihrer Fesseln offenbar wird. So entspricht es dieser Welt des schönen bunten Scheins, wenn die gefangenen Ara, die gelangweilt ihr „Graues" kauen, „gerne lögen" und am Ende doch auf Zeugen warten. Auf Zeugen ihrer fremdartigen Schönheit, auf Zeugen ihrer scheinbaren Überlegenheit, auf Zeugen ihres verheimlichten Heimwehs, auf Zeugen ihrer geheimsten Sehnsucht nach Freiheit.

Was am Ende bleibt, ist ein Gefühl unbefriedigter Sehnsucht. Hinter dem schönen Bild kostbarer, bunter Ara im grünen Jardin des Plantes wird dieselbe tiefe Melancholie und trostlose Trauer der Gefangenschaft spürbar wie in Rilkes Gedicht vom gefangenen Panther:
„Sein Blick ist im Vorübergehn der Stäbe so müd geworden".

Vergleich mit dem George-Gedicht

Hat man im Unterricht erst einmal diese Ergebnisse beisammen, so ist der direkte Gedichtvergleich in Form einer Gegenüberstellung als Resümee leicht zu ziehen.
Auf einen eingehenden Vergleich der Formalia (wie Metrum, Reim etc.) kann man auf der Sekundarstufe I (insbesondere in diesem konkreten Fall) verzichten.
Bei der Durchführung eines summarischen Formvergleichs ergibt sich

1. bei George: harmonische (der Aussageintention angemessene) geschlossene Form, Ausdruck in sich kreisender Ruhe; vorrangige Verwendung akustischer Stilmittel stimuliert die Phantasie zu schweifenden Träumen.
2. bei Rilke: komplizierte (intellektuelle) Sonettform; eine Gedichtform, die hier wie oft (z. B. auch in dem Sonett unserer Unterrichtsreihe Gryphius, Es ist alles eitel) zum Ausdruck des Gedanklichen dient.
   Die meist antithetische Aussage, die im Sonett angemessenen Ausdruck findet, ergibt hier als These: das schöne Erscheinungsbild, das stolze Gehabe der Ara, die Darstellung einer Welt des schönen Scheins; als Antithese: den konträren, wahren Seinszustand, nämlich die traurige Erkenntnis von der Gefangenschaft in der Fremde.

Entsprechend zum gedanklichen Gehalt werden sinngemäß primär auf die optische

Vorstellungskraft hinorientierte (Kontrast-)bilder aufgebaut, die eine verstandesmäßige Deutung fordern. Der Vergleich auf inhaltlich-gehaltlicher Ebene läßt sich am deutlichsten herausarbeiten, wenn man zunächst dem jeweiligen Gedichtverlauf folgt.
Bei George stehen am Anfang die weißen Ara, Traumvögel in den „hängenden Gärten" einem imaginären, irrealen Bereich. Die nächste Aussage bei George benennt die Gitter, sodann führt der Text von der Bewegung (nicken) zur Reglosigkeit und Ruhe, zum Träumen. Träumen aber heißt hier, sich der banalen Realität entziehen in die Welt der fernen Dattelbäume.
Georges Gedicht erweist sich als eine einlullende Wortmusik, die zum Träumen anregt und dabei die Phantasie freisetzt. Die Gitter, hinter denen die Ara wohnen, verschwimmen. Die Freiheit der fernen Dattelbäume wird am Ende traumhafte Wirklichkeit; das bedeutet, daß zuletzt ein Gefühl von träumerischer Schwerelosigkeit und Freiheit entsteht.
Bei Rilke stehen am Anfang die Ara, hier aber wohl bunte Papageien, reale Zoovögel im Jardin des Plantes von Paris, einem sogar im Titel des Gedichts durch den Ortsnamen geographisch lokalisierten, fixierten Park.
Die nächste Aussage nennt die ‚fernen Länder', die Heimat der Ara. Sodann führt der Text von der Reglosigkeit (atmen) zur Bewegung: verbeugen sich, spielen an Fußfesselringen.
Mit dem Wort „Fußfesselringe" wird die Wirklichkeit der Gefangenschaft der Ara bewußt gemacht. Am Ende erfolgt in die schöne Scheinwelt des Parks (auch mit dem Hinweis auf die erwarteten Zeugen) ein Einbruch der Realität.
Rilkes Gedicht erweist sich damit als ein aufs Gedankliche hinorientiertes Wortkunstwerk, das einmal primär optische Vorstellungskraft fordert, darüber hinaus bedarf das Rilke-Sonett verstandesmäßiger, analytischer Entschlüsselung, damit hinter

der schönen Fassade die verschleierte, traurige Wirklichkeit der Fußfesselringe für die Zeugen erkennbar wird, d. h. bei Rilke steht am Ende die verstandesmäßig entschlüsselte bedrückende Einsicht in die vom schönen „Parade"-bild kaschierte Realität der Gefangenschaft.

Die beiden Gedichte stehen also sowohl in der Aussageweise als auch im Ergebnis diametral zueinander.

Da die Durchführung des Gedichtvergleichs hier erst im Anschluß an die Behandlung der beiden Gedichttexte erfolgt, sind die Schüler bereits mit der Deutung beider Gedichte vertraut. Der Vergleich hat also im engeren Sinn lediglich die direkte Beziehung zwischen den Texten zu leisten. Bewußtgemacht werden muß dabei:

1. Das Bild der Ara und seine Gestaltung bei George;
2. Das Bild der Papageien und seine Darstellung bei Rilke;
3. Gesamtaussage bei George – Gesamtaussage bei Rilke.

Man kann, ausgehend von den Schülernotizen zu den beiden Einzelstunden, den Vergleich vom Schüler selbst verbalisieren lassen.

Für die unterrichtliche Fixierung des Fazits bietet sich die Erarbeitung der gegenläufigen Aussageketten, d. h. die Gegenüberstellung der gegensätzlichen Begriffspaare in Form von Übersichtstabellen an. (Hierzu vgl. Stundenblatt, Ergebnisteil)

8. Stunde:
Joseph von Eichendorff, Mondnacht

Unterrichtsziel

Eichendorffs Gedicht ‚Mondnacht' soll hier primär als Gegenstand zu selbständiger gehaltlicher Interpretation dienen. Der Schüler soll dabei zugleich lernen, eine dem Text

angemessene Interpretationsstrategie zu entwickeln.

Aus diesem Grund wurde ein Gedicht gewählt, das ein dem Schüler schon bekanntes inhaltliches Grundmuster reproduziert und ihm so die „Richtigkeit" der Interpretation signalisiert, sobald im Sinne einer Transferleistung die gedankliche Entsprechung erkannt wird.

Gedacht ist hier an die kosmische Gesamtschau, bei der die Pole Himmel/Erde in einem direkten Bezug einander zugeordnet erscheinen. Das Grundmuster dieser Bildanordnung und des (metaphysischen) Hintergrundes und Denkmodells wurde als Interpretationsergebnis sowohl bei Goethe (Der Fischer) als auch bei Heine (Childe Harold) bereits erarbeitet.

Am Ende der Heine-Interpretation war auch der geistige Bezug zu Goethes Gedicht hergestellt worden, so daß die erneute Aktualisierung hier vom Schüler durchaus geleistet werden kann.

Einstieg

Im Sinn des oben angeführten Stundenziels kann der Lehrer nach der Textpräsentation den methodologischen Impuls setzen, indem er darauf verweist, daß ein ebenfalls ganz aus der „Stimmung" lebendes Gedicht bereits interpretiert wurde. Auch dort war zunächst eine methodologische Vorfrage gestellt. Bei Georges Ara-Gedicht hatten wir uns allerdings begnügt mit dem Hinweis auf das methodologische „Axiom", daß jede Interpretation von der Basis des vorgegebenen Textes gewonnen werden sollte.[1]

Fragt man die Schüler, auf welchem Weg sie

---

1 Die Unterrichtsreihe will keineswegs zur bloß textimmanenten Interpretationsweise erziehen, wohl aber soll bewußt gemacht werden, daß jede überzeugende Interpretation immer in Ausgangspunkt und Rückbezug auf der Basis des Textes stehen und durch den Wortlaut des Textes belegbar und gerechtfertigt sein muß.

Mondnacht

Es war, als hätt' der Himmel
Die Erde still geküßt,
Daß sie im Blütenschimmer
Von ihm nur träumen müßt'.

Die Luft ging durch die Felder,
Die Ähren wogten sacht,
Es rauschten leis die Wälder,
So sternklar war die Nacht.

Und meine Seele spannte
Weit ihre Flügel aus,
Flog durch die stillen Lande,
Als flöge sie nach Haus.

Joseph von Eichendorff

---

hier zu einer Deutung des Gedichts gelangen könnten, bieten sie wahrscheinlich die ihnen bekannte Methode – von der Formanalyse zur gehaltlichen Deutung – an.

Der Lehrer sollte, sofern dieser Vorschlag kommt, die Schüler selbst herausfinden lassen, daß dieser Weg über eine Formanalyse bei dem formal sehr schlichten Text kaum wesentliche Ergebnisse bringt. Es dürfte aber für die Schüler schnell erkennbar sein, daß der etwa von Georges Ara-Gedicht her bekannte Weg hier nicht viel weiter führt.

Es bleiben also die Wege über eine Analyse des Bildaufbaus oder über die rein sprachliche Analyse. Beide Wege führen, da vice versa eng verknüpft, in gleicher Weise zum selben interpretatorischen Ergebnis.

Unterrichtsschritte

Um hier auch einen in der Unterrichtsreihe noch nicht vorgeführten interpretatorischen Weg einmal zu exemplifizieren, schlagen wir vor, vom Wortmaterial des Gedichts auszugehen. Mit wenigen Leitfragen (als Impulse) kann der Lehrer dabei selbständige Interpretation vom Wortlaut aus initiieren.

Die methodische Gesamtkonzeption sieht dabei vor:

1) Sichtung des sprachlichen Befundes
2) Gliederung nach Themenkreisen
3) Deutung
4) Geistesgeschichtliche Einordnung (fakultativ bzw. im Sinn einer literarhistorisch aufgebauten Unterrichtsreihe)

Will man den zweiten oben angedeuteten Weg über die Analyse des Bildaufbaus wählen, beginnt man mit einer Gliederung nach Themenkreisen (Leitfrage 4) und leitet dann aus dem Bildaufbau (analog dem Vorgehen bei Georges Ara-Gedicht) die Bildaussage ab. Diese Methode ist zwar weniger ‚philologisch‘, führt aber oft schneller zum Ziel und empfiehlt sich dann, wenn auch die literarhistorische Textbetrachtung noch geleistet werden soll.

Analyse des Wortmaterials

Nach der Lektüre des Textes erfolgt die Sichtung des Wortschatzes geordnet nach den Wortarten: Substantive, Verben, Adjektive.

1. Leitfrage: Wie lauten die (sinntragenden) Substantive?

Strophe 1: Himmel/Erde/Blütenschimmer
Strophe 2: Luft

       Felder/Ähren/Wälder
       Nacht

Strophe 3: Seele/Flügel
(stille) Lande
(nach) Haus

Thematische Oberbegriffe:
Strophe 1: Kosmos
Strophe 2: Natur
Strophe 3: Psyche

2. Leitfrage: Welche Bewegungsrichtungen lassen sich aus den Verben ableiten?
Strophe 1: Vertikale Bewegungen:
a) von oben nach unten – Hinwendung des Himmels zur Erde (in: „still geküßt")
b) von unten nach oben – Hinwendung der Erde zum Himmel (in: „von ihm nur träumen")
Strophe 2: Horizontale Bewegung:
die Luft (als Bote des Himmels?) bewegt die Natur (Felder, Ähren, Wälder)
die Natur reagiert (spricht, antwortet) im „Rauschen"
Vertikaler Aufblick: „stern"-klar
Strophe 3: Horizontale Bewegung:
„durch die Lande fliegen"
Vertikaler Aufschwung:
„als flöge sie nach Haus" – Haus der Seele hier im religiösen Sinn: Heimat im Himmel

3. Leitfrage: Welche Stimmung ergibt sich aus der Summe der Adjektive?
Strophe 1: „still" (geküßt)
Stimmung liebender Harmonie (im Kosmos); Einklang von Himmel und Erde
Strophe 2: „sacht" (Wogen der Ähren)
„leis" (Rauschen der Wälder)
„sternklar" (die Nacht)
Stimmung der harmonisch leisen, in sich ausgeglichenen Natur; Einklang der Welt
Strophe 3: (die) „stillen" (Lande), (die) „weit"ausgespannten (Flügel)
Stimmung religiöser Sehnsucht; Einklang von Welt und Seele

4. Leitfrage: Welche thematischen Aussagen (welche Themenkreise) ergeben sich aus den Wortgruppen der drei Strophen?

Strophe 1: Kosmischer Bezug zwischen Himmel und Erde
liebende Hinwendung des Himmels zur Erde („still geküßt")
innige Beziehung der Erde zum Himmel („von ihm nur träumen")
Sinnbild der liebenden, innigen Verbindung („Blütenschimmer")

Strophe 2: Naturbilder einer nicht (zeichnerisch) konkretisierbaren (visionären) Landschaft (Ungegenständlichkeit kommt zum Ausdruck in den Pluralformen)
Schönheit eines romantisch entgrenzten Naturbildes (Entgrenzung spürbar etwa im Wort „stern"-klar und im „Rahmenlosen" der Landschaft)
Stimmung der klaren Mondnacht („Mond" als Wort nur im Titel!)

Strophe 3: (religiöse) Sehnsucht der Seele, Seelenaufschwung über das Irdische hinaus, (mystische) Heimkehr der Seele zur himmlischen Heimat.
Wurde anhand der Leitfragen die Struktur und die gehaltliche Aussage des Gedichtes soweit geklärt, bedarf es zur „Interpretation" hier im Grund nur noch der sprachlichen Ausformulierung. Da auch der Schüler der Sekundarstufe I schon frühzeitig zu sprachlicher Selbständigkeit erzogen werden sollte, halten wir es für sinnvoll, die hier erarbeiteten Ergebnisse von den Schülern als Hausaufgabe in einen fortlaufenden Text umformulieren zu lassen.

Pro Leitfrage bleiben für die Erarbeitung im Unterricht etwa zehn Minuten (unter Berücksichtigung der Zeit für die Lektüre und für die Erteilung der Hausaufgabe). Sollten bei guten Klassen die Ergebnisse in kürzerer Zeit erzielt werden (bei Leitfrage 1 und 3 könnte dies der Fall sein), dann kann man die Ausformulierung der Deutung auch in die Unterrichtsstunde einbeziehen. Ob die Klasse gemeinsam die Ergebnisse in Sätzen formuliert, ob man die Deutung nach Strophen in Gruppenarbeit oder von einzelnen (sprachgewandten) Schülern formulieren läßt, sollte dem Lehrer überlassen bleiben.[1]

Erweiterung:
Zur literarhistorischen Einordnung

In einer literarhistorisch aufgebauten Reihe kann Eichendorffs Gedicht als ein romantischer Text par excellence fungieren. Es gibt in diesem Gedicht eigentlich nichts, das nicht als Paradigma der Romantik gedeutet werden kann.[2]

Eine Anknüpfungsmöglichkeit zur Erarbeitung der romantischen Elemente des Textes könnte in Klasse 9 und 10 gegeben sein, sofern Eichendorffs Novelle ‚Aus dem Leben eines Taugenichts‘ besprochen wurde. In diesem Fall können die Schüler selbst die romantischen Charakteristika im Gedicht identifizieren. Sofern die Schüler auf Sekundarstufe I keine romantischen Vergleichs- und Bezugsobjekte als Einordnungshilfen heranziehen können, muß hier der Lehrer die literarhistorische Information geben.

---

1 Zur Interpretation vgl. auch:
  Rudolf Nikolaus Maier, Das Gedicht, Über die Natur des Dichterischen und der Dichterischen Formen. Betrachtungen für Lehrende und Lernende. Düsseldorf (Schwann) 3te Aufl. 1963, ebd., S. 103f.
2 Zur literarhistorischen und sprachgeschichtlichen Information:
  Eichendorff heute. Stimmen der Forschung mit einer Bibliographie, hrsg. v. Paul Stöcklein, Darmstadt (Wissenschaftliche Buchgesellschaft) 2te Aufl. 1966
  Kohlschmidt, Werner: Die symbolische Formelhaftigkeit von Eichendorffs Stil. In: Form und Innerlichkeit. Bern 1955
  Kunz, Josef: Eichendorff. Höhepunkt und Krise der Spätromantik. Oberursel 1951
  Langen, August: Deutsche Sprachgeschichte vom Barock bis zur Gegenwart. In: Deutsche Philologie im Aufriß, hrsg. v. W. Stammler, Bd. 1, Berlin, Bielefeld, München 3te Aufl. 1966
  Langen, August: Verbale Dynamik in der dichterischen Landschaftsschilderung des 18ten Jhdts. Jetzt in: Langen, Gesammelte Studien, Berlin (Erich Schmidt Verlag) 1978

Romantisch ist bereits der Titel „Mondnacht", romantisch ist das Traum-Motiv und die religiös-kosmische Gesamtschau der Natur, die zum Ausdruck kommt sowohl in der innigen Beziehung zwischen Himmel und Erde als auch im Bild vom Blütenschimmer, den man sich wohl im Sinn von (Tiecks) „mondbeglänzter Zaubernacht" vorstellen muß: vom Licht des Mondes sanft übergossene und widerschimmernde Blütenpracht.

Romatisch ist hier auch die in magischen Wörtern heraufbeschworene Natur, die genau besehen ungegenständlich, verschwommen bleibt: Felder, Ähren, Wälder (wohlgemerkt bei Nacht!) ergeben, schon wegen der Pluralformen, kein zeichnerisch exakt fixierbares Bild. Die Wörter evozieren aber durch ihren Gefühlswert eine Stimmungslandschaft (bei der es dann auch keine Rolle mehr spielt, daß Blütenschimmer und Ähren rational wohl kaum ins gleiche Bild passen).

Die romantische Entgrenzung der Landschaft[3] ist es, die bezaubert; die Weite der Landschaft, die im Nennen der landschaftlichen Elemente (Pluralformen auch als Chiffren) zustande kommt, weckt romantisches Naturgefühl und das urromantische Gefühl der Sehnsucht; und insofern der Romantiker ein Seelenmensch und damit notwendig religiös ist, erhält auch die Sehnsucht einen religiös metaphysischen Aspekt: Sehnsucht als Fernweh und Sehnsucht als ‚himmlisches Heimweh‘.

Eichendorffs Gedicht weist damit als große romantische Komponenten auf: aus dem Gefühl gestaltete Naturdarstellung, von Seelenstimmung erfüllte Atmosphäre, religiös begründetes Erlebnis der Sehnsucht.

---

3 Hierzu vgl. auch:
  Rehder, Helmut: Die Philosophie der unendlichen Landschaft. Ein Beitrag zur Geschichte der romantischen Weltanschauung. Halle 1932 (= Dt. Vierteljahresschrift f. Lit. wiss. und Geistesgesch. Buchreihe Bd. 10)

9. Stunde:
Stefan George, Wir schreiten auf und ab im reichen flitter

Unterrichtsziel

Während im Gedichtvergleich der beiden Ara-Gedichte vom gleichen Textgegenstand und Motiv ausgehend die unterschiedliche Gestaltungsweise erarbeitet wurde und die Schüler in einer ersten methodischen Übung zum Gedichtvergleich herausfinden konnten, wie die beiden Texte vom gleichen Ausgangsbild gegenläufige Darstellungen entwickelten, soll hier anhand des schwierigen Vergleichs themengleicher Gedichte (George – Trakl) selbständig die unterschiedliche Gesamtschau des Herbstes erkannt werden. Die im folgenden vorgeschlagene Methode ermöglicht es, auf der späteren Ebene des Vergleichs zu erkennen, daß George von dem äußeren Eindruck der Natur ausgehend zu einer Interpretation des Herbstes gelangt, indem das Naturerlebnis und die Naturbeobachtung sprachlich umfunktioniert werden; etwa, wenn George die reifen Früchte an den Boden ‚anklopfen' läßt. Trakl dagegen geht von der eigenen herbstlichen Gestimmtheit des Gefühls aus, verlagert die eigene Seelenstimmung in die herbstliche Situation der Natur und gestaltet so in seinen Bildern eigentlich weit eher den eigenen inneren Zustand als etwa einen Herbstnachmittag oder das Bild herbstlicher Landschaft.

Im Kontinuum unserer Sequenz soll nun zunächst eine Interpretation von Georges Gedicht erstellt werden. Ergebnis der Interpretation ist die Einsicht, daß Georges Gedicht den Herbst eigenwillig in einer jahreszeitlichen Funktion sieht und dabei den traditionellen Stellenwert ‚Herbst' verlagert. Um zu diesem Ergebnis zu gelangen, ist es nötig, aus der Vorstellungs- und Bildwelt des Gedichtes schrittweise zum gedanklichen Gehalt hinzuführen.

Zur Methode

Georges Gedicht soll hier unter behutsamer Führung durch den Lehrer in der Weise interpretiert werden, daß die Schüler lernen, aus dem Bildkontinuum und aus dem Wortlaut des Textes heraus zu arbeiten, damit wird dann über die Einzelinterpretation hinaus auch ein Gedichtvergleich mit dem folgenden Herbstgedicht (Trakl, In den Nachmittag geflüstert) vorbereitet.[1]

Während im vorangegangenen ersten Vergleichspaar methodisch von den Stilmitteln her gearbeitet wurde, soll hier der spätere Vergleich aus der jeweiligen unterschiedlichen Bildwelt und aus der jeweiligen unterschiedlichen spezifischen Eigenart der Gedichte in ihrer Gesamtheit entwickelt werden. Der angestrebte Vergleich selbst sollte nach der Erarbeitung der beiden Einzelinterpretationen von den Schülern – eventuell als Hausarbeit – selbständig durchgeführt werden. Gerade in einer solchen selbständigen Arbeit liegt das endgültige methodische Ziel der gesamten Unterrichtsreihe.

Auch in methodologischer Hinsicht ist es ratsam, die Schüler einmal selbst mit den (bereits interpretatorisch durchschauten) Texten arbeiten zu lassen.

Erarbeitung der Thematik

Jüngere Schüler müssen meist zum Erschließen der Herbst-Thematik hingeführt werden; dies kann über die im Text enthaltenen Chiffren „flitter des buchenganges": d. h. buntes Herbstlaub, „mandelbaum zum zweitenmal im flore" und „reife früchte" erreicht werden.

---

1 Zur Interpretation des Gedichts vgl.:
Paul Gerhardt Klußmann, Stefan George „Wir schreiten . . ." In: Die deutsche Lyrik, Bd. 2, hrsg. v. Benno v. Wiese, Düsseldorf 1956, ebd. S. 268–276
Klußmann zieht als Vergleichsobjekt Hebbels „Herbstbild" heran.

Wir schreiten auf und ab im reichen flitter
Des buchenganges beinah bis zum tore
Und sehen aussen in dem feld vom gitter
Den mandelbaum zum zweitenmal im flore.

Wir suchen nach den schattenfreien bänken
Dort wo uns niemals fremde stimmen scheuchten
In träumen unsre arme sich verschränken
Wir laben uns am langen milden leuchten.

Wir fühlen dankbar wie zu leisem brausen
Von wipfeln strahlenspuren auf uns tropfen
Und blicken nur und horchen wenn in pausen
Die reifen früchte an den boden klopfen.

Stefan George

Um pauschalierende Ungenauigkeit des hier zu knappen Etiketts „Herbstgedicht" zu vermeiden, könnte man die Thematik des Gedichts, aufgefächert in die den Strophen entsprechenden Themenkreise, in ein paar Sätzen (paraphrasierend) umreißen lassen. Dieses Vorgehen bietet den Vorteil, schon bei der ersten Erfassung des Textes auf eine strukturierende Gesamtschau hinarbeiten zu können. Als Ergebnis der ersten Arbeitsphase könnte sich ergeben:

– Spaziergang in einem Park unter herbstlichen Buchen (Strophe 1)
– Ruhe auf einer Bank in der milden Herbstsonne (Strophe 2)
– Sinnliche Wahrnehmung (haptische, optische, akustische) der Naturatmosphäre im Herbst (Strophe 3)

Aus der Erarbeitung der Themenkreise ergibt sich die – auch von der Syntax und von den Strophen – vorgegebene Gliederung:
– Wir schreiten (der Buchengang)
– Wir suchen (die schattenfreien Bänke)
– Wir fühlen (die Naturerscheinungen)

Interpretation nach Sinneinheiten:

Nach der strukturierenden Vorarbeit kann man nun zur Interpretation im engeren Sinne fortschreiten.

Wir schlagen hier, um den eigenen, sanften Reiz dieses Gedichts adäquat zu erfassen, als Methode eine Interpretation nach Sinneinheiten vor.

Bei jüngeren Schülern empfiehlt es sich, über eine Sinnauslotung des Wortschatzes, d. h. über eine Erarbeitung konnotativer Wortfelder, das spezifische Timbre dieses Gedichtes verständlich zu machen.

„Wir schreiten auf und ab"

Menschen gehen gemessenen Schrittes, gleichmäßig, fast feierlich, gleichförmig ohne Hast; damit ist die gelassene Ruhe, die die Grundstimmung des Gedichtes prägt, bereits ausgesagt.

„im reichen flitter des buchenganges"

Das Wort ‚Flitter' erweckt einmal die Assoziation des Farbenprächtig-Bunten, dann aber auch die Vorstellung des Vergänglichen, (Wert-)Unbeständigen; vor dem Auge des Lesers entsteht so das Bild einer Buchenallee im bunten Laub des Herbstes. „beinah bis zum tore"

Die Menschen bleiben innerhalb einer eingefriedeten, distinguierten Welt des Parkes; d. h. die Natur erscheint hier als ein vom Menschen domestizierter Bereich, gekennzeichnet durch die Ordnung der Allee (Buchengang), durch Zierpflanzen (Mandelbaum), durch Bank und Tor, Dinge also, die den Park als einen Kulturbereich des Menschen kennzeichnen.

„Und sehen aussen in dem feld vom gitter den mandelbaum zum zweitenmal im flore."

Auch da, wo man über die Grenzen des Parks hinaussieht, geschieht dies in einer kunstvollen perspektivischen Anordnung: Man schaut durch das Gitterfeld eines (wohl schmiedeeisernen) Tores; d. h. es entsteht der Eindruck eines Rahmens, in dem man einen blühenden Mandelbaum erblickt.[1]

Der Blütenflor entspricht hier aber nicht einem realen, jahreszeitlichen Frühling, der Flor ist hier kein dem Jahresablauf adäquates Attribut, vielmehr steht diese ‚zweite Blüte' in einem kontrastierenden Spannungsverhältnis zum herbstlichen Erscheinungsbild der Buchenallee.

In einer Art Phasenüberlagerung zeigt der Park also zugleich Attribute eines Jahresbeginns (Blüte) und einer Jahresneige (reife Früchte).

Im Hinblick auf die noch ausstehende Interpretation von Vers 12 sollte dieser Aspekt – einer Zusammenschau von Blüte und Frucht – hier bereits deutlich herausgearbeitet werden.

Die gepflegte Parklandschaft – wie sie in Strophe 2 gezeichnet wird – bietet dem

Menschen einen Zufluchtsort. Eine leise, mild durchsonnte, träumerische Stimmung kennzeichnet diese stille Welt, in der sich der Mensch ungestört seinen Träumen hingeben kann. Die späte Herbstsonne mit ihrem langen, milden Leuchten erweist ihre labende Kraft. Es entsteht eine meditative Aufnahmebereitschaft für die Stimmung und die Stimme der Natur.

Die letzte Strophe des Gedichts läßt sich über die Verben: wir fühlen/ und blicken/ und horchen strukturieren.

Erkennbar wird hier die Art und Weise, in welcher der Mensch, der sich meditativ hingibt, die Natur nunmehr mit den Sinnen erfaßt.

Der sonnige Herbsttag wird in einer haptisch-akustischen Parallele bewußt wahrgenommen: Der haptische Reiz des Hautgefühls: „wir fühlen dankbar . . . strahlenspuren auf uns tropfen"; der akustische Reiz: „zu leisem brausen".

Auch die beiden letzten Verse zeigen ein sinnliches Zugleich von optischer und akustischer Beobachtung. Der Mensch erfaßt mit geöffneten Sinnen das Geheimnis der herbstlichen Natur: Wir blicken und horchen.

Die bewußte Wahrnehmung, die am Ende erfolgt, ist die, daß „die reifen früchte an den boden klopfen."

Fragt man die Schüler, wie sie den Sachverhalt formuliert hätten, so erhält man mit Sicherheit die Version „auf den Boden fallen". In der von George gewählten Verbform „anklopfen" kommt nun ein anderer, tieferer Sinn zum Ausdruck: Anklopfen heißt hier mehr; es bedeutet Einlaß begehren. Die reifen Früchte klopfen an den Boden, begehren als Samen Einlaß ins Erdreich. Die leisen Naturlaute der herbstlichen Landschaft künden so vom großen Kreislauf der Natur.

Das Gedicht zeigt also, wie sich scheinbarer Anfang („Mandelbaum zum zweitenmal im

---

1 Auch in unseren Breiten, z. Bsp. in der Rheinebene, in Georges Heimat, treibt der deshalb als Zierpflanze beliebte Mandelbaum zweimal im Jahr, im Frühling und im Herbst, Blüten.

flore")[1] und scheinbares Ende („die reifen früchte) als Phasen eines ewigen Zyklus erweisen.

10. Stunde: Georg Trakl, In den Nachmittag geflüstert

Methodische Vorüberlegung

Als Beispiel für eine weitgehend aus irrationaler Bildphantasie geschaffene Lyrik soll hier Georg Trakls Gedicht „In den Nachmittag geflüstert" betrachtet werden.

Das schon in Trakls erster Sammlung 1913 bei Kurt Wolff erschienene Gedicht mit seinen assoziativen Bildvorstellungen erzeugt, insbesondere durch die synästhetisch verwobenen Klang- und Farbvorstellungen, eine Intensität der Stimmung, die über eine rationale Analyse der sprachlichen und stilistischen Mittel hinaus zu wesensmäßiger Erfassung auch eines emotionalen Nachempfindens bedarf.

Um Schüler zu diesem Ziel hinführen zu können, sollte man hier ein ‚Totinterpretieren' des Gedichts vermeiden, zumal sich vom Wortlaut her eine stringente Deutung nicht festlegen läßt. Der Text kann also methodisch gesehen dazu dienen, den Schülern bewußt werden zu lassen, daß bei aller bisher eingeübten textbezogenen rationalen Deutung auch ein „irrationaler Rest" zur Lyrik gehört, der das Interpretieren des lyrischen Gedichts vom Lösen einer mathematischen Aufgabe unterscheidet. Das bedeutet für die methodische Umsetzung in der Unterrichtspraxis, daß man die Schüler (nach wiederholter Lektüre des Gedichts) auffor-

dern sollte, zu den von Trakl gegebenen Bildern und Chiffren ihre Bildphantasien zu verbalisieren.

Der Lehrer muß hier die Souveränität besitzen, Schülerbeiträge so zu akzeptieren, wie sie vorgetragen werden; die Schüler sollten nicht durch ein „Gängeln" oder „Kritteln" vom Lehrer in ihrer Spontanität gebremst werden. Lediglich allzu textfremde Vorstellungsverbindungen müssen mit einem Fragezeichen versehen werden. Die Aufgabe des Lehrers liegt hier darin, als Diskussionsleiter die Teilbeiträge zum Ganzen zu integrieren. Das Stundenergebnis stellt sich dabei (meist im letzten Viertel der Stunde) aus der Addition eines bunten Mosaiks von Schüleräußerungen dann als Fazit ein.

Dem Stundenblatt kommt in diesem Sinn hier nur der Charakter unverbindlicher Vorschläge zu; allerdings läßt es die vorgeschlagene Tabelle zu, nahezu alle Schülerbeobachtungen zu registrieren und am Ende aus der Anordnung eine Gesamtschau und Verbalisierung der Gesamtstimmung des Gedichts herzuleiten.

Einstieg

Um die Einsicht in die Eigenart und die assoziative Bildsprache des Gedichts zu erleichtern, kann man eine Stundenvorbereitung (auch als Hausaufgabe; vgl. Hinweis auf dem Stundenblatt zur vorangegangenen Stunde) ansetzen. Zwei Arbeitsgruppen erstellen je ein Stimmungsbild: zu einem schönen, sonnigen Herbstnachmittag und zu einem kalten, düsteren Herbstnachmittag. Aus jeder Arbeitsgruppe trägt ein Schüler die Darstellung der entsprechenden Herbstschilderung vor; wenn man dann – dem vorgeschlagenen Stundenverlauf folgend – die Bilder aus Trakls Gedicht erarbeiten läßt, wird dreierlei von vornherein deutlich:
– die Eigenart von Trakls Bildern,
– die im Text enthaltene Wandlung des Bildes,

---

1 „Scheinbarer Anfang", d.h. der Mandelbaum zeigt zwar einen frühlingshaften Flor, aber es handelt sich hier in Wirklichkeit eben nicht um die erste Baumblüte im Frühling, sondern um die jahreszeitlich späte – dieser Zierpflanze eigene – zweite Blüte.

In den Nachmittag geflüstert

1 Sonne, herbstlich dünn und zag,
Und das Obst fällt von den Bäumen.
Stille wohnt in blauen Räumen
Einen langen Nachmittag.

5 Sterbeklänge von Metall;
Und ein weißes Tier bricht nieder.
Brauner Mädchen rauhe Lieder
Sind verweht im Blätterfall.

9 Stirne Gottes Farben träumt,
Spürt des Wahnsinns sanfte Flügel.
Schatten drehen sich am Hügel
Von Verwesung schwarz umsäumt.

13 Dämmerung voll Ruh und Wein;
Traurige Gitarren rinnen.
Und zur milden Lampe drinnen
Kehrst du wie im Traume ein.

Georg Trakl

– die Entstehung der Bildsprache aus der Seelenstimmung des Dichters.

Schließlich wird für das Ende der Stunde auch die Beantwortung der Frage – inwiefern es sich bei Trakls Gedicht noch um ein ‚Herbstgedicht‘ handelt – vorbereitet.

Unterrichtsschritte

Den Zugang zum Text erreicht man (unter Berücksichtigung unserer methodischen Vorüberlegung) am ehesten, wenn man – dem expressionistischen Additionsprinzip folgend – zunächst die expressiven Einzelbilder gegeneinander abgrenzt. (Gliederung)
Im zweiten Unterrichtsschritt kann dann versucht werden, die Bilder in ihrem jeweiligen Aussagegehalt zu deuten. (Deutung)
Den Schülern sollte klar werden, daß – insbesondere die vielschichtige Sprache der Lyrik – oft nicht „ein-“deutig festgelegt werden kann.[1]

---

1 Da der erste Unterrichtsschritt durch die Vorgabe des Textes leicht zu einer bloßen Aufzählung der Bilder führt, kann man zum jeweiligen Bild gleich die Deutungsvorschläge (vielleicht in Form einer tabellarischen Übersicht) notieren. Auf diese Weise wird die spätere Integration der Einzelbeiträge vorbereitet.

Im dritten Unterrichtsschritt schließlich sollen die Schüler in einer Art Gesamtschau die Einzelbilder in ihrem kompositorischen Neben- und Miteinander sehen. (Erfassen der Gesamtstimmung)
In einem vierten Unterrichtsschritt (oder als Hausaufgabe) wird anhand eines knappen Gedichtvergleichs eine Abgrenzung gegen Stefan Georges in der vorangegangenen Stunde besprochenes Gedicht vorgenommen.

Deutung

„Sonne, herbstlich dünn und zag,
und das Obst fällt von den Bäumen.“
Der unvermittelte Einsatz mit dem Wort „Sonne“ wird in seiner expressiven Aussagekraft durch die nachgestellte Einschränkung „dünn und zag“ sofort modifiziert, gebrochen, abgeschwächt, fast ganz zurückgenommen. Eine Grundstimmung der Enttäuschung wird hier für den gesamten Text vorprogrammiert, indem die Erwartung aus dem Wort „Sonne“ sich nicht oder doch nur in einem sehr unspezifischen Sinn erfüllt.
Auch fehlt der Vorstellung vom fallenden Obst ein positiver Nebensinn von reifer Frucht, Süße, von Erfüllung und Ernte; die Aussage wird reduziert auf den Vorgang des

Fallens, in dem sich Vergänglichkeit und Sterben im Naturgeschehen ausdrücken.

„Stille wohnt in blauen Räumen
einen langen Nachmittag"

Dem Pseudo-Sonnenschein folgt als entsprechende Lautkulisse „Stille"; eine Aussage, die ebenfalls als ein Zurücknehmen des Akustischen verstanden werden kann. So, wie eben die Sonne genau besehen nicht richtig, sondern nur „dünn und zag" scheint, so wohnt in diesen (kühlen) blauen Räumen auch kein präziser Klang, sondern zunächst nur Stille[1]. Aus solch verdünnter Stimmung, aus der Kargheit der optischen und akustischen Reizkulisse entsteht eine Lähmung, zumindest Dehnung des Zeitgefühls.

„Sterbeklänge von Metall;
und ein weißes Tier bricht nieder."

In die Stille hinein erklingen „Sterbeklänge von Metall". Der Vorstellungshorizont (schon im ‚Fallen' des Obstes auf Vergänglichkeit hinorientiert) wird nun sinnlich akustisch erfüllt von Klängen: aber auch diese Klänge werden mit dem Vorzeichen des „Sterbens" gebrochen. Das Wort „Metall" deutet wohl darauf hin, daß es sich um harte, metallische, wohl unmelodische Klänge handeln dürfte. Ob es Waffenlärm ist? Ob es Gewehrlaute herbstlicher Jagd sind? Ob schon hier (wie ein Jahr später im Gedicht „Grodek") „die herbstlichen Wälder von tödlichen Waffen tönen"? Die Fragen sind vom Wortlaut her nicht eindeutig zu beantworten. Das Vorzeichen ‚Sterben' gibt aber der Wortkombination von Klängen und Metall eine destruktiv tödliche Klangfarbe, die im folgenden Vers mit dem Bild eines wohl zu Tode getroffenen, nie-

derbrechenden weißen Tieres bildhaft intensiviert wird. Dem Lautlichen folgt das Optische: Das weiße Tier bricht nieder. Das Schöne, Unberührte, Unschuldige, Edle, das hier in der Chiffre ‚weiß' assoziativ anklingt, macht das Desaster des Niederbrechens noch verheerender, denn man fühlt schmerzlich „Auch das Schöne muß sterben" (Schiller).

„Brauner Mädchen rauhe Lieder
Sind verweht im Blätterfall."

Auch in den Versen 7 und 8 gestaltet Trakl eine Aussage, die stimmig zur bisherigen Tendenz des Gedichts ein Decrescendo, ein Diminuendo, ein Entschwinden zum Ausdruck bringt.

Die braunen Mädchen (vielleicht die drallen, sonnengebräunten Mägde bei der Ernte?), die genannt werden, sind eigentlich gar nicht da; sie sind zurückgenommen bis auf die Erinnerung an ihre rauhen, kunstlosen Lieder; aber auch diese Lieder sind genau genommen nicht mehr zu hören. So wie die Sonne gar nicht richtig scheint, wie in den blauen Räumen nichts Konkretes, sondern nur Stille wohnt, wie die Klänge nur Sterbeklänge sind, wie auch das weiße Tier schon im Sterben niederbricht, so sind auch die rauhen Lieder (in ihrer urwüchsigen Lebenskraft) bereits verweht im Blätterfall, d. h. auch die Blätter sind wohl schon gefallen. Mit Trakls Gedicht „Verfall" zu sprechen, sind nur „entlaubte Zweige" geblieben. Also auch hier eine Bildvorstellung des Vorbei, des Abgestorbenen, Herbstgedanken an das Sterben in der Natur (das weiße Tier) und ans Sterben der Natur (Obst, Blätter). Geht man von der immanenten Aussage (V. 8) aus, so bleiben im Naturbild nur kahle Baumäste.

„Stirne Gottes Farben träumt"

Nur die Stirne, Chiffre für den Sitz der Gedanken, „träumt" noch von „Gottes Farben": also von den Farben in der Natur, von den Farben, mit denen Gott als Schöpfer die Welt färbt. Doch das Grün des Sommers,

---

1 Das Verb „wohnen" ließe es hier auch zu, die Weite der ungegenständlichen Landschaft, die ‚blauen Räume', anders, nämlich als stille, leere, aktionslose Innenräume zu deuten, obwohl andererseits der Innenraum vom Gesamtkonzept des Gedichts her erst in der letzten Strophe betreten wird.

das Bunt des Herbstes sind nicht mehr. (Nur blau, weiß, braun, schwarz tauchen noch auf!)

Sich aber Gottes Farben erträumen, wo die Farbigkeit der Natur schon nicht mehr sichtbar ist, bedeutet, sich dem Wähnen, dem Wahn hingeben, es bedeutet „Wahnsinn" in einem fast mystisch religiösen Sinn. Die Stirne träumt und spürt wohl einen sanften Hauch, so als ob ein Flügel, der sie aber auch nicht realiter streift, sie anrührte und die Imagination mit Farbensinn erfüllt. Es erweist sich aber, daß dieses Träumen, wie alle Bildvorstellungen des Gedichts mit einem Vorzeichen der Auflösung versehen, als Wahnsinn gekennzeichnet wird.

Auf den Farbentraum folgt die Realität: Schatten, Verwesung, schwarz – lauten die Stimmung gebenden Wörter.

Ob der ‚Hügel' einen Grabhügel darstellt? Was auch immer für Schatten es hier sein mögen, im Wort Verwesung ist der schwärzeste Ton in der Skala der Sterbe-, Todes-, Vergänglichkeits- und Verfallsvorstellungen erreicht.

Einer solchen emotional depressiven Skala entspricht auch die Skala der Farb- und Helligkeitswerte: vom ‚dünn und zag' der bläßlichen Herbstsonne, über kühles ‚blau'; farbloses ‚weiß' über ‚braun' bis zu ‚Schatten' und ‚schwarz' verläuft ein Kontinuum zunehmender Verdüsterung der Natur.

Nach Vers 12 erfolgt dann eine Zäsur.

Dem langen Nachmittag folgt „Dämmerung voll Ruh und Wein". Es ist wohl ein Eintreten in den Innenraum. Hier wohnt nicht Stille, sondern der Klang trauriger Gitarren; d. h. die Trauer liegt in den Dingen. So artikulieren auch die Gitarren nur die in ihnen verborgenen Klänge von Melancholie und Trauer. Das, was die Natur „in den Nachmittag geflüstert" hat, was der Eintretende, der aus dem schwarzen Bereich der Schatten kommt, von draußen mit hereinbringt in die Dämmerung, ist solch tiefe Depression, daß das Einkehren zur milden

Lampe drinnen eben auch nicht im Sinn eines befreienden Aufatmens, im Sinn eines wahren Zufluchtfindens ausgekostet wird. Es ist auch das Einkehren (wie alle Aussagen in diesem Gedicht) genau gesehen zurückgenommen, es erfolgt nur „wie im Traum".

Die schönen und angenehmen Dinge, Gottes Farben und die milde Lampe – die Gegenpole zur herbstlichen Sterbeatmosphäre –, werden nicht als kompensatorische Äquivalente, sondern nur in der Andeutung, nur traumhaft erfahren.[1]

Aus der Deutung kann vom Schüler die Gesamtstimmung des Gedichts abgeleitet werden. Dabei sollten drei Aspekte klar erkennbar werden:

1. Die verhaltene, zurückgenommene Herbstatmosphäre des Gedichts,
2. die depressive Grundstimmung dessen, der diesen Nachmittag erlebt,
3. die zarte Andeutung einer nur traumhaft vorgestellten Stimmung der Geborgenheit.

Zum Vergleich mit George

Die wesentlich positivere Sicht der herbstlichen Natur bei George kann von den Schülern durch Gegenüberstellung der Ergebnisse als Hausaufgabe ausformuliert werden. Für Trakl müßte dabei gesehen werden, daß sein Gedicht subjektiver Ausdruck einer depressiven Stimmung ist, die Naturbilder also nur die Psyche des Dichters in die Welt des sinnlich Faßbaren übertragen.

Als Leitfragen zur Hausaufgabe (bzw. zur Behandlung im Unterricht) schlagen wir vor:

„Welche Bedeutung gewinnt der Herbst für Stefan George?"

1 Zur Lyrik Trakls vgl. auch:
Georg Trakl, Gedichte, ausgewählt und interpretiert von Albrecht Weber, München (Kösel) 1957. (Enthält jedoch keine Interpretation zu dem Gedicht „In den Nachmittag geflüstert")

„Aus welchem Bereich und auf welchem Weg gewinnt George seine Bilder des Herbstes? Auf welche Weise entstehen die Herbstvorstellungen und Bilder bei Trakl?"

11. Stunde: Hans Magnus Enzensberger, küchenzettel

Unterrichtsziel

Mit Enzensbergers Gedicht „küchenzettel" sollen die Schüler mit einem zeitgenössischen Gedicht und mit Elementen der modernen Lyrik bekannt werden.

Die strenge Diktion des modernen Textes, die Gestaltungsweise in drei Bildvariationen eines „Stillebens" und die Kombination von Gebrauchsgegenständen des Alltags (Milchkanne, Brotkorb, Zwiebelbrett) mit historisch-politischen Chiffren (dreißigjährige Kriege, Anti-Raketen-Raketen, Klassenkämpfe) erzeugt eine Breite des Spektrums, aus der hier die Aussage politische Brisanz gewinnt und dem (im traditionellen Sinn unlyrischen) Gedicht eine bisher in der Unterrichtsreihe noch nicht gezeigte Dimension verleiht.

Anhand der letzten Strophe des Gedichts kann gezeigt werden, wie gewohnten, traditionellen Bildvorstellungen (hier dem schlichten Interieur der Küche mit ihren alltäglichen Dingen) durch Zusammenschau mit heterogenen Elementen (hier mit den nicht aus dem Küchenbild stammenden Vorstellungsfeldern von Krieg, Raketen und Klassenkämpfen) in einem Prozeß der Verfremdung neue Aussagemöglichkeiten zuwachsen.

Ob man hier in bezug auf das Ausgangsbild einer Küchenszenerie von einer Verfremdungstechnik sprechen will, bleibt dem Interpreten vorbehalten.

Die Kompositionstechnik unverbundener Montage (in Strophe 4) und die hier zwischen den Zeilen erfolgende Aktivierung eines historisch-politischen Bewußtseins, das aus der Wahrnehmung der alltäglichen Umwelt, aus den nur scheinbar unscheinbaren Dingen eines Küchenbildes erwächst, ferner die damit in der Schlußstrophe immanent vorhandene politische Dimension des Gedichts sollen in dieser Unterrichtsstunde verdeutlicht werden.

Auch ein neuer Interpretationsansatz, der zum Verstehen und Deuten von Lyrik vielfach unentbehrlich geworden ist, soll im vorletzten Unterrichtsschritt eingeführt werden: die Deutung aus dem Bezug eines Schlüsselwortes – wie es hier der Titel darstellt – zum Text.

Unterrichtsschritte

Ein in die Bildwelt des Textes und in den Gedichtaufbau führender Einstieg kann über ein locker geführtes Unterrichtsgespräch zum Thema ‚Stilleben' erreicht werden.

Nach einem Schülerbeitrag, in dem der Begriff ‚Stilleben' von der Malerei her erläutert werden sollte, kann man auf den Reiz dieser oft unscheinbaren Dinge, wie das Stilleben sie in den Blick rückt, hinweisen.

Mit der Frage, aus welchen Gründen die Gegenstände eines Stillebens auf den Beschauer einen besonderen Reiz ausüben – der über die oft untergeordnete Bedeutung der Dinge selbst hinausreicht – leistet das Unterrichtsgespräch bereits einen wesentlichen Beitrag zur Erschließung des Gedichtes, wenn die Schüler herausfinden, daß die Dinge des Stillebens eben dadurch, daß der Maler sie in den Blick rückt, durch sich selbst und durch ihre Anordnung zum Betrachter eines solchen Bildes sprechen.

Als Überleitung zum Gedichttext kann dann der Hinweis erfolgen, daß auch im Bereich sprachlicher Gestaltung die Dichter unseren Blick für die Dinge aus unserer täglichen Umgebung schärfen können. Durch die Ge-

küchenzettel

an einem müßigen nachmittag, heute
seh ich in meinem haus
durch die offene küchentür
eine milchkanne ein zwiebelbrett
5 einen katzenteller.
auf dem tisch liegt ein telegramm.
ich habe es nicht gelesen.

in einem museum zu amsterdam
sah ich auf einem alten bild
10 durch die offene küchentür
eine milchkanne einen brotkorb
einen katzenteller.
auf dem tisch lag ein brief.
ich habe ihn nicht gelesen.

15 in einem sommerhaus an der moskwa
sah ich vor wenigen wochen
durch die offene küchentür
einen brotkorb ein zwiebelbrett
einen katzenteller.
20 auf dem tisch lag die zeitung
ich habe sie nicht gelesen.

durch die offene küchentür
seh ich vergossene milch
dreißigjährige kriege
25 tränen auf zwiebelbrettern
anti-raketen-raketen
brotkörbe
klassenkämpfe.

links unten ganz in der ecke
30 seh ich einen katzenteller

Hans Magnus Enzensberger

wohnheit, die einfachen Gebrauchsgegenstände, die ein Stilleben zeigt, alltäglich zu
sehen, ist der Blick abgestumpft und muß
durch neues, bewußtes Sehen belebt
werden.
Einen solchen Blick wirft Enzensberger

durch eine geöffnete Küchentür und registriert seine Beobachtungen.
Bietet man im Anschluß an diesen Einstieg
den Text des Gedichts, so wird das Stilleben
in den Küchenszenerien von vornherein bewußt gesehen. Man kann dann die dreifache

Wiederholung des Bildes als Intensivierung des Bildeindrucks erarbeiten und dabei die Varianten der drei Küchen nach Zeit, Ort und Arrangement der Dinge feststellen und die Ergebnisse (entsprechend dem Vorschlag auf dem Stundenblatt) tabellarisch festhalten.

Als Schwerpunkt der gehaltlichen Deutung folgt dann die Besprechung der Schlußstrophe und eine Deutung des ganzen Gedichts als „küchenzettel", d. h. unter dem Aspekt des Titels und seiner Funktion als Schlüsselwort, aus dem sich die politische Dimension des Gedichts ableiten läßt.

Strukturierung des Textes

Eine erste Strukturierung des Textes wird bereits geleistet, wenn aus der weitgehenden Parallelität der Strophen, aus der dreifachen Wiederaufnahme des gleichen Bildes, aus den fast wörtlichen Wiederholungen, eine inhaltliche Gliederung, die auch der formalen Einteilung in Strophen entspricht, entwickelt wird.

Analyse des Bildes

In einem nächsten Schritt erfolgt eine genaue Untersuchung des vom Dichter gegebenen Bildes:

Strophe 1 gibt einen Blick durch die offene Küchentür, einen Blick auf unscheinbare Gebrauchsgegenstände in einer Küche: Milchkanne, Zwiebelbrett, Katzenteller, auf dem Tisch ein Telegramm (von dem gesagt wird, daß es ungelesen blieb!)

Der Autor verbalisiert also die Wahrnehmung einfacher Gegenstände des Hausrats. Die Beobachtung läßt sich geographisch (mein Haus) und zeitlich (heute) festlegen. Strophe 2 bietet im Präterium (ich sah) den gleichen Blick durch eine offene Küchentür. An der Stelle des Zwiebelbretts steht nun ein Brotkorb, an der Stelle des Telegramms liegt ein Brief. Die auf der Zeitstufe der

Gegenwart gemachte Beobachtung ist also die gleiche wie eine schon früher wahrgenommene, früher, das heißt hier vom Dichter in einem Museum in Amsterdam, früher heißt aber auch von einem Maler, der dieses Bild malte. Das Bild wirkt von Sujet und Aufbau her wie ein Stilleben, wie ein Küchenbild von Chardin oder ein altes niederländisches Genrebild, das ein wenig an Pieter de Hooch erinnert.

Ein drittes Mal wird mit einer weiteren geringen Nuance das gleiche Bild aufgebaut. Diesmal taucht vor dem Blick eine Küche an der Moskwa irgendwo in Rußland auf, gesehen in jüngster Vergangenheit (vor wenigen Wochen).

Die Milchkanne des ersten und zweiten Bildeindrucks ist durch den Brotkorb ersetzt, an der Stelle des Brotkorbes im niederländischen Bild steht hier das bekannte Zwiebelbrett; auf dem Tisch statt Telegramm oder Brief diesmal eine Zeitung.

Die drei Bilder zeigen also extreme Ähnlichkeit und nur ganz geringe Unterschiede.

Vergleich der Bilder

Bevor nun die vierte Strophe, in der die Gegenstände Transparenz gewinnen, untersucht wird, ist es sinnvoll, das dreifach wiederholte Bild einer genaueren, vergleichenden Betrachtung zu unterziehen. Die Parallelität war unmittelbar einsichtig. Die nächste Aufgabe lautet daher sinnvoll: „Welche Unterschiede erkennt man beim Vergleich der drei Bilder?"

Erste Variation: unterschiedliche Lokalisierung

Eine Differenz liegt zunächst darin, daß die Küche mit fast gleichen Gegenständen an ganz verschiedenen Orten gesehen wird: in meinem Haus (V. 2), im Museum in Amsterdam (V. 8), auf einem alten Bild (V. 9), in einem Sommerhaus an der Moskwa (V. 15); also das gleiche Bild an den geographisch verschiedensten Orten, in Deutschland, in den Niederlanden, in Rußland. Überall, wo Menschen ihre Küche haben, zeigt sich das gleiche Bild. Die Beobachtung beansprucht damit überregionale, allgemeine Gültigkeit, unabhängig von räumlicher Fixierung.

Zweite Variation: unterschiedliche Zeitstufen

Das gleiche Bild erscheint auf verschiedenen Zeitebenen: Zeitebene der Gegenwart (heute, V. 1), Zeitebene ferner Vergangenheit (zu amsterdam sah ich, V. 7/8), Zeitebene fernster Vergangenheit (auf einem alten Bild V. 8, d.h. die Zeit des Gemäldes), Zeitebene naher Vergangenheit (vor wenigen Wochen, V. 16).

Welche Aussage könnte in dieser (genau besehen vierfachen) Wiederholung auf verschiedener Zeitebene liegen?

Der Autor zeigt, daß sich wenig, fast nichts oder nur Belangloses (telegramm, brief, zeitung) in seinem Küchenbild verändert. Das Bild gewinnt dadurch eine Zeitlosigkeit, eine überzeitliche Gültigkeit. Die Wahrnehmung von heute ist eine Beobachtung, die zeitlose Gültigkeit besitzt.

Neben die räumliche Universalität tritt hier die zeitliche.

Dritte Variation: Darbietung des Geschriebenen

Auf dem Tisch liegt heute ein Telegramm, lag damals (auf dem alten Bild) ein Brief, lag in dem russischen Sommerhaus die Zeitung.

Alle diese Gegenstände wurden zwar registriert, aber es wird betont (und zwar dreimal), daß diese schriftlichen Mitteilungen „nicht gelesen" wurden. Damit werden die beschriebenen Informationsträger entwertet. Sie verlieren ihren Sinn, der eben darin liegt, daß man sie liest; auch tauchen diese Wörter und Sachen selbst in der Montage der Schlußstrophe nicht wieder auf.

Um zu einer Einordnung der Bildelemente

Telegramm, Brief und Zeitung zu gelangen, kann man die Frage stellen, warum die Schriftstücke nicht gelesen wurden. Die einfachste Antwort lautet, daß der Inhalt des Telegramms, des Briefes, der Zeitung ohne Interesse waren.

Dieses wertlos Erscheinen des Geschriebenen läßt sich auch über die Hilfsfrage, welcher Stellenwert dem Telegramm, dem Brief und der Zeitung in einer Küche zukommt, erschließen, denn Telegramm, Brief und Zeitung sind Dinge, die wesensmäßig auch gar nicht in eine Küche gehören. Den geschriebenen Informationsträgern wird dementsprechend in der Schlußstrophe auch kein Korrelat zugeordnet, d.h. sie erhalten auch nachträglich keine Aussagefunktion.

Die Montagetechnik, mit der in Strophe 4 eine additive Synopse von historisch-politischen Chiffren mit den einfachen Dingen erzielt wird, verleiht der Milchkanne wie der vergossenen Milch, dem Zwiebelbrett wie den Tränen auf Zwiebelbrettern, dem Brotkorb ebenso wie dem Katzenteller einen anderen Stellenwert als den Schriftstücken. Die Dinge (Milchkanne, Zwiebelbrett, Brotkorb und Katzenteller) sind es, die hier eine deutliche Sprache sprechen. In ihrer zeitlosen überräumlichen Gültigkeit gewinnen sie einen erweiterten Aussagewert durch ihren Verweischarakter. Im Bild des Brotkorbes werden die Klassenkämpfe sichtbar, die wegen eben dieses Brotkorbes seit eh und je geführt wurden.

Die Aussage der Gegenstände

Aus der Erörterung, warum die Schriftstücke ungelesen blieben, ergibt sich die Frage nach der Aussage der übrigen Gegenstände. Die vierte Strophe zeigt nun die Gegenstände in assoziativer Zusammenschau mit den Wörtern: „dreißigjährige kriege, antiraketen-raketen, klassenkämpfe". In unmittelbarer Nachbarschaft zu diesen Wörtern verändern sich die Aspekte der Gegenstände im Küchenbild. Bisher sah man durch die offene Küchentür die Milchkanne. In Strophe 4 ist die Milchkanne verschwunden; statt dessen heißt es auf einer allgemeingültigen Zeitstufe im Präsens: „seh ich vergossene Milch". Die vergossene Milch aus einer umgestoßenen Milchkanne veranschaulicht ganz unmittelbar mutwillige Zerstörung (und Verschwendung) . In der vergossenen Milch werden sichtbar: dreißigjährige kriege. Durch die Pluralform kommt auch die sinnlose Wiederholung des Kriegsgeschehens zum Ausdruck.

„tränen auf zwiebelbrettern". Das sind hier sicher nicht nur die Tränen eines, der Zwiebeln schneidet (alle drei Küchenbilder erscheinen übrigens menschenleer!), es sind die Tränen der Kriege, vielleicht die Tränen über die ‚anti-raketen-raketen'? Dreißigjährige Kriege, das hört sich fast nach historischen Fakten an, aber anti-raketen-raketen, das klingt erschreckend präsent, und es klingt – da im Deutschen das Präsens grammatisch als Futurform dient – auch wie eine entsetzliche Zukunftsvision.

„brotkörbe
klassenkämpfe"
Das unmittelbare Nebeneinander der Wörter drückt lapidar auch mögliche Ursachen aus für die dreißigjährigen Kriege, für die anti-raketen-raketen.

Zur Erarbeitung der Aussagekraft der Dinge und ihres Verweischarakters gelangt man im Unterricht am ehesten, wenn man die direkten Wortbeziehungen erarbeitet, etwa mit der Leitfrage, welche Wörter der vierten Strophe die Bildvorstellungen des Stillebens weiterführen.

Man kann in die Tabelle der bisher gewonnenen Ergebnisse zunächst die Wortreihe:

vergossene Milch, Tränen auf Zwiebelbrettern, Brotkörbe einfügen.

Die Frage, welcher Sinnbezug zwischen diesen Zeilen (V. 23, 25, 27) und den unverbunden dazwischen geschobenen Gliedern der Kette: dreißigjährige Kriege, Anti-Raketen-Raketen, Klassenkämpfe (V. 24, 26, 28) besteht, führt zur Einsicht in den Verweischarakter, der durch Einordnen des Wortmaterials in die Ergebnistabelle auch sichtbar demonstriert werden kann.

Zu deuten bleiben schließlich „katzenteller" und „küchenzettel". „katzenteller" – was mag er ausdrücken?

Rein formal fällt auf, daß der Katzenteller dreimal exakt an der gleichen Stelle der Strophen (nämlich jeweils im fünften Vers) steht. Während alle übrigen Gegenstände – Milchkanne, Zwiebelbrett, Brotkorb – untereinander austauschbar und variabel einmal hier, einmal da stehen und sich so gewissermaßen als bewegliche Gegenstände darstellen, erscheint der Katzenteller als eine Art Fixpunkt. Anders als Milchkanne, Brotkorb oder Zwiebelbrett ist der Katzenteller immer da; und er steht immer an der exakt gleichen Stelle im (Strophen-)Bild. Der Katzenteller erweist sich als die stabilste Komponente im Küchenzettel.

„links unten ganz in der ecke
seh ich einen katzenteller."
Ob es der Katzenteller ist, der sich als das einzige erweist, was in der Küche Bestand hat? Ob es diese unscheinbare und niedrigste Stelle im ganzen Küchenarrangement ist, die dem Katzenteller seinen unverrückten Platz sichert? Ob der Katzenteller wirklich nur den Teller für Katzen darstellt?

Zu diesen Fragen sollte man die Schüler Meinungen äußern lassen. Aus dem Texthinweis „unten links" kann hier möglicherweise eine Anspielung auf soziale Klassenordnungen gesehen werden.

Eine freie Erörterung zur Deutung des Bildes vom Katzenteller führt (vom bisherigen Stand der Interpretation aus) mit ziemlicher

---

1 Als literarische Hintergrundinformation könnte hier verwiesen werden auf die Verwüstung und Plünderung, die Grimmelshausen im vierten Kapitel des Simplicius Simplicissimus schildert.

Sicherheit bereits in die politische Dimension des Gedichts, die auf diesem Weg dann auch von den Schülern selbst erkannt und formuliert werden kann.

Zu klären bleibt dann noch die Aussage der Überschrift:
„küchenzettel".

Mit der Vorfrage, was man im alltäglichen Sprachgebrauch unter einem Küchenzettel versteht und der Begriffserklärung kann man zu dem Ergebnis kommen, daß die Überschrift hier auf den ersten Blick nicht recht zu passen scheint.

Die Frage, ob und auf welche Weise der Text des Gedichts als Küchenzettel gelesen oder verstanden werden kann, führt dazu, das Gedicht als Sequenz zu deuten; der Titel gewinnt dann den eingangs schon angedeuteten Wert eines Schlüsselwortes für die Interpretation.

Interpretation des Gedichttitels

Gemeinhin versteht man unter einem Küchenzettel eine schriftliche Zusammenstellung dessen, was gekocht werden soll. Nun wird aber in dieser Küche des Gedichts nicht gekocht; und doch gibt es da, ähnlich wie in einem Küchenzettel eine seltsame Abfolge:
„milchkanne, zwiebelbrett, katzenteller, milchkanne, brotkorb, katzenteller, brotkorb, zwiebelbrett, katzenteller." Ob das der Küchenzettel ist?

Vielleicht könnte man aber auch (dem Schlüssel der vierten Strophe folgend) die letzten Zeilen quasi als küchenzettel lesen:
Montags: vergossene milch
Dienstags: dreißigjährige kriege
Mittwochs: tränen auf zwiebelbrettern
Donnerstags: anti-raketen-raketen
Freitags: brotkörbe
Samstags: klassenkämpfe
– und mit bitterer Ironie –
Sonntags (!): katzenteller.
Der Wechsel erscheint fast wie eine gesetzmäßige Abfolge gesichert, nur ganz unten

links ändert sich nichts. Der Katzenteller bleibt auf jeden Fall überall und immer am Platz.

12. Stunde:
Christa Reinig, Katzenverfassung

Unterrichtsziel/Unterrichtsschritte

Am Ende der Unterrichtsreihe sollen die Schüler zu einer selbständigen Interpretation dieses wortspielerischen Gedichtes gelangen. Der Lehrer sollte dazu im Sinn eines methodologischen Impulses, ähnlich wie vor der Interpretation zu Eichendorffs „Mondnacht", die Schüler auffordern, Vorschläge zum interpretatorischen Lösungsweg zu machen.

Dabei ist zu erwarten, daß die Schüler den ihnen aus der Unterrichtsreihe geläufigen Weg über Strukturierung und Deutung, der sich hier sinnvoll anbietet, vorschlagen.

In Hinblick auf die methodische Gesamtkonzeption der Unterrichtsreihe ergibt sich damit erneut die Anwendung eines eingeübten Weges, der vom Schüler nunmehr bewußt als Methode erkannt und angewendet wird.

Als Stundenziel muß hier also die selbständige Deutung des Gedichts erreicht werden.

Dazu gehört, daß das Gedicht als Parabel erkannt und ähnlich wie beim vorangegangenen Enzensberger-Gedicht aus dem Schlüsselwort des Titels die politische Dimension des Textes erfaßt wird.

Als Aufbau der Stunde bietet sich vom Text und von den zu erwartenden Interpretationsvorschlägen der Schüler an:
1. Strukturierung des Textes durch Gliedern in Sinnabschnitte
2. Setzen von thematischen Überschriften (oder Oberbegriffen) zu den Sinneinheiten des gegliederten Textes
3. Deuten der Sinnabschnitte
4. Analyse des Titels (als Schlüsselwort)

Katzenverfassung

Geschweifte römer
laßt uns schwer von begriff sein
duldsam vorderpfotig
hinterkeulig stur
5 träger des schnuppeschnurr-
bartordens

allegro
menuetto maestoso
adagio cantabile
10 presto

wo elefantchen trompete ansetzt
hengste trommeln
paßgang
rotkreuzhunde topf tragen
15 wir nicht

Christa Reinig

5. Die interpretatorische Aussage des Schlüsselwortes für den Text des Gedichts
6. Das Gedicht als Parabel und seine politische Dimension
7. Selbständige Zusammenfassung und Ausformulierung der Interpretationsergebnisse durch die Schüler (eventuell auch als Hausaufgabe).

Gliederung in Sinneinheiten

Das Gedicht „Katzenverfassung" zeigt drei (strophenartige) Abschnitte und stellt eine Art Ansprache aus der Katzenperspektive an die Artgenossen dar.
Wie in der Fabel, so können auch hier die Tiere sprechen. Die Rede läßt sich in folgende Sinneinheiten gliedern:
Zeile 1: Anrede
Zeile 2–4: Forderungen (oder Ratschläge) an die Angesprochenen

Zeile 5–6: äußere gemeinsame Kennzeichen der Art
Zeile 7–10: Katzenmusik als Wesensausdruck
Zeile 11–14: Verhalten der anderen Tiere
Zeile 11–12: Zirkusdressur – zum Vergnügen des Menschen
Zeile 13–14: Arbeitsdressur – zum Nutzen des Menschen
Zeile 15: konträre, gegen alle anderen abgegrenzte eigene Haltung der Katzen

Deutung der einzelnen Sinneinheiten

„Geschweifte römer"
Das Wort ‚geschweift' zeigt an, daß es die Katzen sind, die hier (wohl von einem Artgenossen, denn er sagt ‚uns') angesprochen werden. Eine stolze Selbsteinschätzung schwingt unterschwellig mit, denn ‚Schweif' ist ein Wort des gehobenen Sprachniveaus und steht in der Zuordnung (z. B. in der

Tierfabel) da, wo von sogenannten edlen Tieren, vom Löwen oder vom Pferd, gesprochen wird.

Die Anrede ‚Römer' dient wohl gleichfalls zur charakterisierenden Selbsteinstufung, gekennzeichnet von stolzer, selbstbewußter Lebensart. Im Sinn römischen Selbstverständnisses deutet diese Anrede ‚Römer' darauf hin, daß hier gesprochen wird mit Selbstsicherheit und Würde, mit elitärem Bewußtsein, gesprochen zu denen, die sich für die Herren der Welt halten.

Dann folgen drei Forderungen an die Angesprochenen.

Zur Deutung können die Leitfragen nach Sinn, Zweck und Form der Forderungen hinführen helfen.

„laßt uns schwer von begriff sein" – Was besagt diese Forderung? Durch die vorgestellte Aufforderung ‚laßt uns' entsteht eine innere Spannung, d.h. eigentlich sind wir klug (man denke an die sprichwörtliche Schläue und List der Katzen), aber aus Klugheit stellen wir uns schwer von Begriff (man denke an die den Katzen nachgesagte Verstellungskunst und Falschheit). Warum diese Verstellung? Der Text gibt hier noch keine Antwort; also kann auch die interpretatorische Antwort noch offen bleiben.

Die Forderungen zwei und drei sind im Text rhetorisch einprägsam sentenziös:

„duldsam – vorderpfotig : hinterkeulig – stur"

Durch die formale rhetorische Verknüpfung ist auch der innere Bezug der beiden Forderungen verdeutlicht: duldsam, aber nur am Anfang, stur im Endeffekt und endgültig. Wie Vorderpfoten und Hinterkeulen machen diese von vorne gezeigte Duldsamkeit und diese hinterkeulige Sturheit ein Ganzes, das im Wechselspiel – wie die Pfoten beim Lauf – sinnvoll und elegant zusammenwirkt. Wie wäre wohl die sanfte, einschmeichelnde Art der Katzen, mit der sie am Ende doch ihren Willen durchsetzen, besser zu kennzeichnen?

„träger des schnuppeschnurr –
bartordens"

Die wortspielerische Apostrophierung der Angesprochenen „Ordensträger" kennzeichnet die formale sprachliche Gestaltung des ersten Abschnitts, in dem jede Aussage eine kunstvolle Kombination aus einer tierischen und einer menschlichen Komponente darstellt.

Die dem tierischen zuzuordnenden Wörter oder Wortteile (geschweift, vorderpfotig, hinterkeulig, schnuppeschnurr-bart) sind durch ihre Wortverbindungen – römer, duldsam, stur, ordensträger – gewissermaßen in den menschlichen Bereich integriert. Nach diesem sehr rational-rhetorischen Appell folgt ein kontrastierender Mittelteil, der aus vier symmetrisch gebauten Zeilen besteht und ausschließlich musikalische Fachtermini aneinanderreiht.

Die vier Zeilen wirken wie die Titel zu vier Musiksätzen:

Allegro. Als Tonsatz der erste Teil der Symphonie, der Suite oder der Sonate strengen Stils; angegeben wird eine Tempobezeichnung für den musikalischen Vortrag: im Sinn von munter, lebhaft, schnell.

Menuetto maestoso. Majestätisches Menuett; auch dies ist eine musikalische Satzbezeichnung für einen mäßig bewegten Tanz, der um 1700 schon als Bestandteil der Suite, der Sonate und als vierter Satz der Symphonie fungierte.

Adagio cantabile. Als Tonbezeichnung besagt ‚adagio' eigentlich nach Behagen, daher gemächlich, langsam. Als Teil der Sonate und der aus ihr hervorgegangenen Symphonie stellt das ‚Adagio' meist den zweiten Satz dar, vorwiegend lyrischen und ernsten Charakters (in Gegensatz zu den bewegten Ecksätzen). Auf die lyrische Komponente weist hier auch das Wort ‚cantabile': singend, gesangvoll.

Der vierte Satz *presto*, schnell, entspricht also dem Bau der musikalischen Gesamtform.

Die Folge stellt sich also in der Weise dar: Munter, lebhaft / majestätisch, mäßig bewegt / liedhaft und getragen / schnell.

Die Musiktermini legen die Deutung nahe, daß hier ein Konzert aufgeführt wird, eine musikalische Darbietung eingelegt wird. Auf die Rede folgt (vielleicht als Ausdruck der Zustimmung der Katzenversammlung) die ‚Katzenmusik‘. Ob und inwieweit sich in dieser Musik, in den wechselnden Tempi der Sätze eine Charakterisierung der Katzenart ausdrückt, kann man der spekulativen Phantasie überlassen.

Nach dem musikalischen Entreakt fährt der Redner fort:

„Wo elefantchen trompete ansetzt
hengste trommeln
paßgang
rotkreuzhunde topf tragen
wir nicht"

Dargestellt werden zunächst Verhaltensweisen anderer Tiere. Die Verhaltensweisen erscheinen aus der Sicht des Katzen-Sprechers als lächerlich, unzumutbar, entwürdigend.

„Elefantchen" – der weitaus größere wird ironisch verkleinert, weil er sich zum Zirkuskunststück hergibt. „Wir nicht" – und nun frage man ruhig im Sinn einer Leitfrage nach dem Grund des „Wir nicht".

Die Antwort steht vorweg: ‚schwer von begriff sein‘. Das spart die Dressur, der diejenigen zum Opfer fallen, die leicht fassen und die ihre Gelehrigkeit (zu) schnell zeigen: „Wir nicht – laßt uns schwer von Begriff sein!"

„Hengste trommeln"

Trommeln bedeutet wohl, schnell mit den Vorderläufen schlagen; man denkt hier an die Pferdedressur. „Geschweifte römer – wir nicht – duldsam vorderpfotig" darin steckt die Erklärung und Begründung der zweiten Forderung.

„Paßgang" – eine Gangart, z. B. beim Kamel – „Wir nicht – hinterkeulig stur".

Weder zur Dressur noch zu nützlicher (wohlgemerkt dem Menschen nützlicher) Arbeit lassen sich die geschweiften Römer einspannen. Führt man die Parallelen zwischen dem ersten und dem letzten Abschnitt so wie hier angedeutet fort, dann entsprechen sich:

„rotkreuzhunde topf tragen – wir nicht – wir tragen nur unseren bartorden". Eine witzig mokante Pointe, wie sie dem stolzen „Wir nicht" durchaus entspricht.

Der letzte Abschnitt zeigt also, wie bei Erfüllung der Forderung „laßt uns schwer von Begriff sein" eine sperrige Ungelehrigkeit vorm Schicksal des Elefanten bewahrt; wie eine sich sanft entziehende Widerspenstigkeit und ein selbstsicherer Stolz die ‚Bartorden-Träger‘ vor der Unterwerfung unter fremdes Joch und vorm Eingespanntwerden in artfremde Hilfsdienste bewahrt.

„Wir nicht"

In dieser lapidaren Schlußformel drückt sich aus: Trotz, Stolz, Individualitäts- und Unabhängigkeitsbewußtsein, das Gefühl der Freiheit und Souveränität. Mit diesem letzten Begriff schließlich wird der Kreis zum Titel „Katzenverfassung" geschlossen.

Verfassung ist ein Wort aus dem politischen, (staats-)rechtlichen Bereich; eine Verfassung garantiert Freiheit. Die ganze Rede zur Katzenverfassung erweist sich nun vom Ende her ganz deutlich als eine durchaus politische Rede. Propagiert wird die Politik des ‚Sich-dumm-Stellens‘, der ‚vorderpfotig‘ gezeigten Duldsamkeit, der ‚hinterkeuligen‘ Sturheit, die Politik selbstbewußten Stolzes, die Politik eines ‚Sich-nicht-einspannen-Lassens.‘

Gezeigt wird in dieser politischen Rede, welche Folgen bei Unterwerfung, Erniedrigung, Versklavung drohen. Da sind die erschreckenden Beispiele. Die Gelehrigkeit macht den Elefanten zum Elefantchen, der im Zirkus zum dummen August wird. Die Dressur macht den Hengst zum Paradepferd, das Männchen macht. Das Kamel, das sich vor dem Paßgang, wie in einem Akt

Bertolt Brecht:
Über das Zerpflücken von Gedichten

Der Laie hat für gewöhnlich, sofern er ein Liebhaber von Gedichten ist, einen lebhaften Widerwillen gegen das, was man das Zerpflücken von Gedichten nennt, ein Heranführen kalter Logik, Herausreißen von Wörtern und Bildern aus diesen zarten blütenhaften Gebilden. Demgegenüber muß gesagt werden, daß nicht einmal Blumen verwelken, wenn man in sie hineinsticht. Gedichte sind, wenn sie überhaupt lebensfähig sind, ganz besonders lebensfähig und können die eingreifendsten Operationen überstehen. Ein schlechter Vers zerstört ein Gedicht noch keineswegs ganz und gar, so wie ein guter es noch nicht rettet. Das Herausspüren schlechter Verse ist die Kehrseite einer Fähigkeit, ohne die von wirklicher Genußfähigkeit an Gedichten überhaupt nicht gesprochen werden kann, nämlich der Fähigkeit, gute Verse herauszuspüren. Ein Gedicht verschlingt manchmal sehr wenig Arbeit und verträgt manchmal sehr viel. Der Laie vergißt, wenn er Gedichte für unnahbar hält, daß der Lyriker zwar mit ihm jene leichten Stimmungen, die er haben kann, teilen mag, daß aber ihre Formulierung in einem Gedicht ein Arbeitsvorgang ist und das Gedicht eben etwas zum Verweilen gebrachtes Flüchtiges ist, also etwas verhältnismäßig Massives, Materielles. Wer das Gedicht für unnahbar hält, kommt ihm wirklich nicht nahe. In der Anwendung von Kriterien liegt ein Hauptteil des Genusses. Zerpflücke eine Rose, und jedes Blatt ist schön.

---

der Unterwerfung und Demütigung niederkniet, um seine Last aufzunehmen, der Rotkreuzhund, der einen Topf trägt, vielleicht mit einem Spendentopf bettelt, sie alle erscheinen als Rechtlose, denen keine Verfassung Recht und Freiheit sichert. Die „Katzenverfassung" hingegen ermöglicht den „geschweiften Römern" die Freiheit des „Wir nicht".

13. Stunde:
J. W. von Goethe, Die Freuden

Unterrichtsziel

Auch auf Sekundarstufe I sollte man bei der ausführlichen Behandlung von Lyrik kritisches Verständnis für das Interpretieren wecken. Dies soll hier in Form einer abschließenden Diskussionsstunde angeregt werden.
Die Schüler sollen hier lernen – gleichgültig

welche der beiden angebotenen Positionen (die Brechts oder die Goethesche) am Ende akzentuiert wird – die eigene Tätigkeit kritisch zu sehen und reflektierend in Frage zu stellen, im Sinn eines emanzipatorischen Lernziels, nämlich der Fähigkeit zur Relativierung.
Zugleich soll hier dem Gedicht eine weitere, nämlich die ihm eigene Dimension des Kunstwerks zuwachsen. Der Schüler soll das Gedicht nicht mehr nur als einen zu interpretierenden Text sehen, sondern es als Kunstprodukt erleben, das auch genießend erfaßt werden muß. Gedichte sollen eben nicht nur verstanden, sondern auch genossen werden. Eichendorffs ‚Mondnacht' z.B. ist als ästhetisches Wort – und Klanggebilde ganz einfach ‚schön' – auch ohne das Bewußtsein eines geistesgeschichtlichen Hintergrundes, ‚schön' auch ohne Bewußtmachung der polaren Struktur. (Es versteht sich von selbst, daß nicht einer nur naiven Rezeption hier

das Wort geredet werden soll. Vielmehr soll bewußt gemacht werden, daß zur Analyse auch der Kunstgenuß hinzutreten sollte, der aus der Gesamtschau ästhetischer Gebilde resultiert.)

Zum Gesamtaufbau der Diskussion

1. Einstieg: Brecht, Über das Zerpflücken von Gedichten
   Die Unterrichtsstunde könnte mit einer kurzen Besprechung und Erörterung des Brecht-Textes beginnen. (Der Text kann nach den vorgeschlagenen Leitfragen als Hausaufgabe vorbereitet werden.)
2. Analyse und Interpretation von Goethe, Die Freuden (nach Leitfragen)
3. Freie Diskussion: „Soll man Gedichte interpretieren?"
   Mögliche Aufgaben für Diskussionsgruppen:
   – Untersuchung des Arbeitsthemas aus der Sicht Brechts

– Untersuchung des Arbeitsthemas aus der Sicht Goethes

4. Angebot einer Synthese (vgl. Vorschlag im folgenden Teil)

1. Brecht, Über das Zerpflücken von Gedichten

1. Leitfrage:
Welche Forderung stellt Brecht für die Beschäftigung mit Gedichten auf?
Position Brechts: Er fordert eine Analyse des Gedichts nach sprachlichen und inhaltlichen Gesichtspunkten (Wortschatzuntersuchung, Analyse der Metaphern, Beurteilung der Verse durch Einteilung in ‚gute' und ‚schlechte').

2. Leitfrage:
Welche Folge ergibt sich für das Gedicht, das ‚zerpflückt' wird?
Position Brechts: Das Gedicht wird transpa-

Die Freuden

Da flattert um die Quelle
Die wechselnde Libelle,
Der Wasserpapillon,
Bald dunkel und bald helle,
5 Wie ein Chamäleon;
Bald rot und blau, bald blau und grün.
O daß ich in der Nähe
Doch seine Farben sähe!

Da fliegt der Kleine vor mir hin
10 Und setzt sich auf die stillen Weiden.
Da hab' ich ihn!
Und nun betracht' ich ihn genau,
Und seh' ein traurig dunkles Blau.
So geht es dir, Zergliederer deiner Freuden!

J. W. von Goethe

---

rent in Struktur und Aussage, ohne dadurch zerstört zu werden.

3. Leitfrage:

Welche Folge ergibt sich für den Leser beim Zerpflücken von Gedichten?

Der Leser gewinnt die Möglichkeit des ‚Nahekommens' und der Beurteilung; die Möglichkeit ‚gute' und ‚schlechte' Verse zu unterscheiden und zu erkennen. (Brecht bleibt allerdings die Kriterien stillschweigend schuldig!)

4. Leitfrage (als Impuls zur kritischen Reflexion):

Nimm kritisch Stellung zum Vergleich Gedicht – Rose!

Ausgangspunkt der Stellungnahme könnten die Sätze sein:

– „. . . nicht einmal Blumen verwelken, wenn man in sie hineinsticht."

– „Zerpflücke eine Rose, und jedes Blatt ist schön."

Mögliches Ergebnis: Brecht übersieht, daß eben nur die unzerpflückte Rose wirklich eine „Rose" ist und als „Rose" wirkt. Viele schöne Blätter machen noch keine blühende und duftende Rose. Nur das unzerstörte Ganze (d.h. die unzerpflückten Teile) ermöglichen eine simultane Gesamtschau und ein Erfassen des Gedichts.

2. Goethe, Die Freuden

Goethe sieht das Phänomen, das Kunstwerk und den Kunstgenuß (gar nicht verengt nur auf das Gedicht bezogen), anders als Brecht, unter dem Bild der Libelle[1], des Wasserpapillons.

1. Leitfrage:

In welcher Situation wird die Libelle zunächst (d.h. in Strophe 1) gesehen, erfaßt und ‚beschrieben'?

Aspekte bei Goethe: Leben, Bewegtheit, Schillern, Wechsel, Lebhaftigkeit, Unstetigkeit, Veränderung, Schönheit, Rätselhaftigkeit, Reiz.

2. Leitfrage:

Welche Voraussetzung muß hier für die ‚Analyse' der Farben und ihres Reizes geschaffen werden?

Aspekte bei Goethe: Fangen, Aufspießen, Töten, Sezieren, Zerstören.[2]

3. Leitfrage:

Welche Einsicht bringt die Analyse des zergliederten Objekts?

Aussage Goethes: Der Zauber des reizenden Farbenspiels kann nicht erfaßt werden, weil es nur durch die Bewegung und das Lichtspiel sichtbar wird, das seinerseits nur durch die Bewegtheit des lebendigen Papillons zustande kommt.

4. Leitfrage:

Welches Fazit zieht Goethe?

Aspekte bei Goethe: Nur das Lebendige, Ganze in seiner lebendigen Ganzheit offenbart eine mit Leben erfüllte Schönheit. Ganzheit, Leben und Veränderung sind Bedingungen, ohne die kein angemessenes und genußvolles Erfassen der Phänomene von Kunst und Leben möglich ist.

---

1 Gemeint sind (nach Loeper) die blauen Lycänen, Trauermantel, Pfauenauge, Admiral.

2 In einem Brief an Hetzler (14. 7. 1770 – also in zeitlicher Nachbarschaft zu dem Gedicht) schreibt Goethe ähnlich: „Mendelsohn und andere . . . haben versucht, die Schönheit wie einen Schmetterling zu fangen und mit Stecknadeln . . . festzustecken . . .; doch es ist nicht anders damit als mit dem Schmetterlingsfang . . .; der Leichnam ist nicht das ganze Thier, es gehört noch etwas dazu, noch ein Hauptstück: das Leben, der Geist, der alles schön macht." zitiert nach: Goethes Gedichte Bd. 2, hrsg. v. G. v. Loeper, Berlin (Hempel) 1883, ebd. Anm. S. 440

3. Freie Diskussion

Nach der Vorbereitung durch die Besprechung des Brecht-Textes und des Gedichtes von Goethe kann man zur Diskussion der beiden Positionen kommen. (Sofern die Unterrichtszeit und das Interesse der Schüler es zulassen, kann man eine eigene Stunde zur Diskussion nach dem Arbeitsthema ansetzen.)

Zwei Arbeitsgruppen erhalten die oben (vgl. zum Gesamtaufbau) vorgeschlagenen Arbeitsthemen: Position Brechts, Position Goethes. Die eigentliche Diskussion sollte aber (zur Vermeidung des sogenannten ‚Ausuferns‘) nicht unter dem sehr weit gefaßten Arbeitsthema (‚Soll man Gedichte interpretieren?‘) sondern unter dem etwas eingeschränkteren Aspekt erfolgen.[1]

4. Angebot einer Synthese:

„Es gibt dreierlei Arten Leser: Eine, die ohne Urteil genießt, eine dritte, die ohne zu genießen urteilt, die mittlere, die genießend urteilt und urteilend genießt; diese reproduziert eigentlich ein Kunstwerk aufs neue."
Goethe an J. F. Rochlitz am 13. 6. 1819

---

1 Zur Vorbereitung des Lehrers auf die Diskussion sei hingewiesen auf:
   Hilde Domin: Über das Interpretieren von Gedichten (S. 11–44), in: Doppelinterpretationen. Das zeitgenössische deutsche Gedicht zwischen Autor und Leser. Hrsg. und eingeleitet von Hilde Domin, Frankfurt a. M. (Fischer Taschenbuch) 1969

Quellenverzeichnis

(1) Andreas Gryphius, Es ist alles eitel
In: Andreas Gryphius, Gesamtausgabe der deutschsprachigen Werke. Hrsg. v. Marian Szyrocki und Hugh Powell. Bd. 1, Sonette, hrsg. v. Marian Szyrocki, Tübingen (Max Niemeyer) 1963, S. 33

(2) J. W. von Goethe, Der Fischer
In: Goethes Sämtliche Werke, Cotta Jub. Ausg. Mit Einleitung und Anmerkungen hrsg. v. Eduard von der Hellen Bd. 1 (1902), S. 106, 107 und Anm. S. 338, 339. Stuttgart, Berlin (Cotta) 1902–1907
Hierzu auch:
Goethes Gedichte, mit Einleitung und Anmerkungen hrsg. v. Gustav von Loeper, Berlin (Hempel) Bd. 1, 1882, S. 107, und Anm. S. 360, 361

(3) J. W. von Goethe, Mignon
In: Goethes Sämtliche Werke, Cotta Jub. Ausg. a.a.O., Bd. 2 (1906), S. 84 und Anm. S. 300, 301
Hierzu auch:
Goethes Gedichte, hrsg. v. G. v. Loeper, a.a.O., Bd. 1 (1882), S. 99 und Anm. S. 352, 353

(4) Heinrich Heine, Childe Harold
In: Heinrich Heine, Sämtliche Schriften. Hrsg. v. Klaus Briegleb. Bd. 4 (Schriften 1837–1844), S. 375 und Anm. S. 937, 938, München, Wien (Carl Hanser) 1. Aufl. 1969 ff.

(5) Detlev von Liliencron, Die Musik kommt
(aus: Der Haidegänger)
In: Detlev von Liliencron, Gesammelte Werke, Bd. 2 Gedichte Berlin (Schuster und Loeffler) 11. u. 12. Aufl. 1922, S. 49, 50

(6) Stefan George, Meine weissen ara
(aus: Die Bücher der Hirten- und Preisgedichte, der Sagen und Sänge und der Hängenden Gärten, 1894)
In: Stefan George, Werke. Ausgabe in zwei Bänden, Bd. 1, S. 102, München, Düsseldorf (Helmut Küpper vormals Georg Bondi) 1958

(7) Reiner Maria Rilke, Papageien-Park
(aus: Der Neuen Gedichte Anderer Teil, 1908)
In: Rainer Maria Rilke, Sämtliche Werke. Hrsg. vom Rilke-Archiv in Verbindung mit Ruth Sieber-Rilke, besorgt durch Ernst Zinn, Frankfurt a. M. (Insel-Verlag) 1955–1966, Bd. 1 (zweiter Halbband), S. 602

(8) Joseph von Eichendorff, Mondnacht
In: Eichendorffs Gesammelte Werke in vier Bänden. Hrsg. von Max Mendheim, Leipzig, (Phil. Reclam jun.) 1909, Bd. 1, S. 130

(9) Stefan George, Wir schreiten auf und ab im reichen flitter
(aus: Das Jahr der Seele, 1897)
In: Stefan George, Werke, Ausgabe in zwei Bänden, a.a.O., Bd. 1, S. 122

(10) Georg Trakl, In den Nachmittag geflüstert.
In: Georg Trakl, Das dichterische Werk. Auf Grund der historisch-kritischen Ausgabe von Walther Killy und Hans Szklenar, München (dtv text-bibliothek, t-b 6001) 1972, S. 31, 32.

(11) Hans Magnus Enzensberger, küchenzettel
(aus: camera obscura)
In: Hans Magnus Enzensberger, Blindenschrift, Frankfurt a. M. (edition suhrkamp Bd. 217), 5. Aufl. 1975, S. 7

(12) Christa Reinig, Katzenverfassung
(aus: Christa Reinig: Die Steine von
Finisterre)
Verlag Eremiten-Presse, Düsseldorf,
1974

(13) Bertolt Brecht, Über das Zerpflücken
von Gedichten
In: Bertolt Brecht, Über Lyrik, Frankfurt a. M. (edition suhrkamp Bd. 70)
1964

(14) J. W. von Goethe, die Freuden
In: Goethes Sämtliche Werke, Cotta
Jub. Ausg. a.a.O., Bd. 3 (1906), S. 215
und Anm. S. 364
Hierzu auch:
Goethes Gedichte, hrsg. v. G. v. Loe-
per, a.a.O., Bd. 2 (1883), S. 173 und
Anm. S. 439, 440

Textvorlagen für den Unterricht

Nahezu alle Texte liegen in Schullesebüchern und gängigen Anthologien vor. Zur raschen
Orientierung des Lehrers geben wir hier einen (notwendig fragmentarischen) Überblick, bei
dem in den Angaben der Seitenzahlen Abweichungen (bedingt durch unterschiedliche
Auflagen) nicht berücksichtigt werden.

Gryphius, Es ist alles eitel: Klett A 11, S. 68
/ Wort und Sinn 11 (Oberstufe I), S. 113

Goethe, Der Fischer: Klett A 10, S. 173 /
Wort und Sinn 7, S. 64 / Lebensgut 3, S.
210

Goethe, Mignon: Klett Arbeitsmaterialien
Deutsch, Wertung von Lyrik in Vergleichsreihen, S. 23 f.

Heine, Childe Harold: Heine, Gedichte,
Reclam Nr. 8988, S. 118

Liliencron, Die Musik kommt: Deutsche
Dichtung der Neuzeit. Hrsg. v. H. Bender, S. 273

Eichendorff, Mondnacht: Klett A 10, S. 148
/ Klett A 11, S. 27 / Lebensgut 5, S. 19 /
Begegnungen 7, S. 207 / Schwarz auf weiß

6, S. 176 / Deutsche Dichtung der Neuzeit
(Bender), S. 201

George, Wir schreiten auf und ab: Klett A
11, S. 166 / Deutsche Dichtung der Neuzeit (Bender), S. 317

Trakl, In den Nachmittag geflüstert: Klett A
11, S. 199

Enzensberger, küchenzettel: Klett A 11, S.
275

Reinig, Katzenverfassung: Klett A 10, S.
178

Brecht, Über das Zerpflücken: Wort und
Sinn 5/6 (für Klasse 10), S. 229 f.

Goethe, Die Freuden: Textbuch 7, S. 180
(Text in der späteren Fassung: „Es flattert
um die Quelle . . .“

Literaturhinweise

Das Literaturverzeichnis beschränkt sich bewußt auf die Nennung weniger Titel, die im Rahmen dieser Einführung und in Hinblick auf die im Textteil behandelten Gedichte zusätzliche Information bieten sollen. Auf eine wiederholte Anführung der bereits im Textteil genannten Titel wird hier verzichtet.

Zur Bibliographie:
Reinhard Schlepper, Was ist wo interpretiert? Eine bibliographische Handreichung für den Deutschunterricht. (208 S.), Paderborn (Ferdinand Schöningh) 1970

Zur Dichtungstheorie:
Ars Poetica. Texte von Dichtern des 20. Jahrhunderts zur Poetik. Hrsg. v. Beda Allemann (483 S.), Darmstadt (Wissenschaftliche Buchgesellschaft) 1971
Hugo Friedrich, Die Struktur der modernen Lyrik. Von der Mitte des 19ten bis zur Mitte des 20sten Jahrhunderts. Erweiterte Neuausgabe (319 S.), Reinbek (Rowohlt, rowohlts deutsche enzyklopädie Bd. 25) 6. Aufl. d. erw. Neuausgabe 1974

Zur Methodologie der Literaturwissenschaft und Interpretationstechnik:
Wolfgang Kayser, Das sprachliche Kunstwerk. Eine Einführung in die Literaturwissenschaften. (445 S.), Bern, München (Francke) 1. Aufl. 1948, 5. Aufl. 1959
Manon Maren-Grisebach, Methoden der Literaturwissenschaft. (116 S.), München (Francke, Uni-Taschenbücher Bd. 121) 1. Aufl. 1970, 2., veränderte und erweiterte Aufl. 1972
Zur Lyrik-Diskussion. (Wege der Forschung Bd. CIV.) Hrsg. v. Reinhold Grimm. (546 S.) Darmstadt (Wissenschaftliche Buchgesellschaft), 2., verb. u. erw. Auflage 1974

Zur Verslehre:
Otto Paul, Deutsche Metrik (166 S.), München (Max Hueber) 3. vermehrte u. verbesserte Aufl. 1950
Wolfgang Kayser, Geschichte des deutschen Verses. (156 S.), Stuttgart (Uni-Taschentücher GmbH) 2. Aufl. 1971
Wolfgang Kayser, Kleine deutsche Versschule. (123 S.), Bern, München (Frankke, Dalp-Taschenbücher Bd. 306), 1. Aufl. 1946, 7. Aufl. 1960

Zur Interpretationstechnik:
Nikolaus Rudolf Maier, Das Gedicht. Über die Natur des Dichterischen und der dichterischen Formen. Betrachtungen für Lehrende und Lernende. (167 S.), Düsseldorf (Pädagogischer Verlag Schwann) 3. Aufl. 1963
Nikolaus Rudolf Maier, Das moderne Gedicht. (171 S.), Düsseldorf (Pädagogischer Verlag Schwann) 2. Aufl. 1963

Interpretationssammlungen:
Die deutsche Lyrik. Form und Geschichte. 2 Bde., Bd. 1 Interpretationen vom Mittelalter bis zur Frühromantik. Hrsg. v. Benno von Wiese
Bd. 2 Interpretationen von der Spätromantik bis zur Gegenwart. Hrsg. von Benno von Wiese, Düsseldorf (Bagel) 1956 (und 1964)
Wege zum Gedicht. Hrsg. v. Rupert Hirschenauer und Albrecht Weber.

Bd. 1 mit einer Einführung von Edgar Hederer

Bd. 2 Interpretationen von Balladen. Mit einer Einführung von Walter Müller-Seidel, München (Schnell und Steiner) 3. Aufl. 1968

Begegnung mit Gedichten. 60 Interpretationen mit einem Essay von Benno von Wiese. Zusammengestellt und hrsg. v. Walter Urbanek (339 S.), Bamberg (C. C. Buchners Verlag) 2. Aufl. 1970

Deutsche Lyrik von Weckherlin bis Benn. Interpretationen. Hrsg. v. Jost Schillemeit (339 S.), Frankfurt (Fischer Bücherei Bd. 695) 1965

Doppelinterpretationen. Das zeitgenössische Gedicht zwischen Autor und Leser. Hrsg. und eingeleitet von Hilde Domin (303 S.), Frankfurt (Fischer Taschenbuch Verlag Bd. 1060) 1973

Mein Gedicht ist mein Messer. Lyriker zu ihren Gedichten. Hrsg. v. Hans Bender (172 S.), München (List Verlag, List Taschenbuch Bd. 187) 1969

Ergänzende Information zu einzelnen Kapiteln:

Zu Gryphius:

Marian Szyrocki, Die deutsche Literatur des Barock. Eine Einführung (269 S.) Reinbek (Rowohlt, rowohlts deutsche enzyklopädie Bd. 300, 301) 1968 und 1970

Zu George:

Ernst Morwitz, Kommentar zu dem Werk Stefan Georges. (483 S.) München, Düsseldorf (Helmut Küpper vormals Georg Bondi) 1960

Zu Trakl:

Georg Trakl, Gedichte. Ausgewählt und interpretiert von Albrecht Weber. (147 S.) München (Kösel) 1957

Walther Killy, Über Georg Trakl. (100 S.) Göttingen u. Zürich (Kleine Vandenhoeck-Reihe 88/89) 1960

Stundenblätter Deutsch für die Sekundarstufe I